상표전쟁

상표전쟁

초판인쇄 2020년 9월 30일
초판발행 2020년 9월 30일

지은이 신무연 조소윤 이영훈
펴낸이 채종준
기획 · 편집 유 나
디자인 서혜선
마케팅 문선영 전예리

펴낸곳 한국학술정보(주)
주 소 경기도 파주시 회동길 230(문발동)
전 화 031-908-3181(대표)
팩 스 031-908-3189
홈페이지 http://ebook.kstudy.com
E-mail 출판사업부 publish@kstudy.com
등 록 제일산-115호(2000. 6. 19)

ISBN 979-11-6603-078-9 13320

기율특허법률사무소
시리즈 01

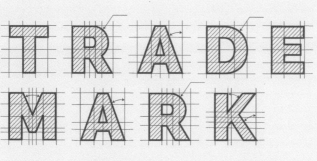

신무연
조소윤
이영훈

상표전쟁

상표 분쟁 사례로 배우는
내 브랜드 사용 전략서

이담
Books

상표는 아는 만큼 보인다.

변리사로서 수많은 고객을 상담하며 느낀 점이 있습니다. 바로 많은 분들이 '상표'를 잘 모른다는 점입니다. 상호와 상표와의 차이를 잘 구별하지 못하고, 상표출원과 등록이 어떤 차이를 가지는지를 모르는 분들이 많았습니다. 실무를 하면서 상표출원이 남들보다 조금 늦어서 상표등록을 받지 못하게 된 분 뿐만 아니라 동업자의 배신에 의해 상표를 뺏긴 분도 보았습니다. 그런 분들을 볼 때마다 안타까웠습니다. 상표를 조금만 더 알았더라면 그런 일은 없었을 것입니다.

상표를 잃으면 회사로서는 브랜드를 잃게 됩니다. 그 브랜드는 회사의 모든 것일 수도 있습니다. 스타벅스, 코카콜라와 같은 브랜드는 그 기업의 가치의 대부분을 차지한다고 보아도 과언이 아닐 겁니다. 상표 브로커들은 먼저 상표출원함으로써 개인이나 회사가 수많은 노력을 들여 키운 브랜드를 쉽게 가져가 버립니다. 사람들이 상표에 대해 조금 더 많이 이해하고 피해를 보는 일이 없도록 하고 싶었습니다. 이 책이 그 시작이 되었으면 좋겠습니다.

전문가(변리사)들을 대상으로 하는 기존 상표책들과는 다르게 이 책은 전문가가 아닌 일반인을 대상으로 썼습니다. 이 책에서 가장 신경을 쓴 부분은 일반인도 이해할 수 있을 정도의 설명입니다. 누구나 이해할 수 있도록 쉽게, 그리고 사례를 위주로 작성하였습니다.

1장에서는 여러 기업의 사례들을 들어 상표의 중요성을 강조하였습니다. 2장에

서는 상표에 관해 꼭 알아야 하는 기본 정보들을 언급하였습니다. 3장에서는 상표
등록을 받기 위해 알아야 하는 실무적인 정보에 대해 기술하였으며, 4장에서는 실
제 상표 분쟁이 일어났을 경우 벌어지는 일들과 상황에 맞는 대응방법들을 설명하
였습니다. 마지막 5장에서는 우리나라가 아닌 해외상표의 출원 시에 주의해야 할
점에 대해서 기술하였습니다.

　1장부터 여러 기업들의 이름과 사례가 나오지만 여기에 있는 하나의 사례가 그
기업을 대표하는 사례는 아니라는 점을 미리 언급하고 싶습니다. 기업이 가진 단
하나의 실패사례가 여기에 수록되었을 수도 있고, 초기 실패가 더 강한 지식재산
권을 갖는 기업을 만드는 경우도 많기 때문입니다.

　독자들은 이와 같은 사례를 통해 상표등록을 왜 해야 하는지, 어떻게 해야 하는
지를 이해하실 수 있을 것입니다. 특히 현재 사업을 하고 계시는 분들과 미래에 사
업을 하실 예비창업자들이 이 책에서 도움을 많이 받으셨으면 좋겠습니다. 브랜딩
이나 마케팅을 하시는 실무자들도 자신의 업무에 활용할 수 있는 접점을 분명히
발견하실 수 있을 것입니다.

　이 책이 세상에 나오도록 많은 도움을 주신 기율특허법률사무소의 여러 임직원
분들과 한국학술정보의 유나 편집자님께 감사드립니다.

대표저자

신무연

Part

3

상표 등록의 기술

Part

4

상표전쟁의 기술

≫ 일러두기

1. 인용문이나 인용구, 강조 단어는 ' '로 처리하고, 책과 신문, 잡지명은 〈 〉로 표기했다.

2. 기업과 제품명, 법원 판결문 등 특정 내용과 기관을 강조하는 경우, ' '로 처리했으며 한 번 사용한 ' '의 표기는 문맥 흐름을 중시해 중복해서 표기하지 않았다.

3. 기업명과 제품명, 판결문 중 알기 쉬운 내용은 원어를 그대로 사용했으며, 해외 기관 및 단체는 원어 약자로 표기했다. 이해를 구해야 하는 원어 약자의 경우 본문 설명으로 대신했다.

4. 원어와 한글 혼용단어는 문맥과 문장이 바른 경우, 따로 설명을 하지 않았다.

5. 상표 등록 정보, 상표 이미지 등은 특허정보검색서비스 '키프리스(www.kipris.or.kr)'의 것을 인용하여 사용했음을 밝힌다.

Part 01

상표로
울고 웃는
기업들

애플 레코드와 애플 컴퓨터

'애플' 하면 무엇이 떠오르시나요? 아이폰, 애플 컴퓨터, 스티브 잡스를 생각하는 사람이 대부분일 텐데요. 애플 컴퓨터가 존재하기 전, 비틀즈가 설립한 애플 레코드가 있었습니다.

1968년, 전 세계 팝음악을 평정한 영국의 비틀즈는 애플 레코드를 세우며 사과 모양의 로고를 상표로 등록합니다. 당시 음반계에서 위상이 높았던 애플 레코드는 다양한 산업에 뛰어듭니다. 애플 레코드는 전자제품을 만드는 애플 일렉트로닉스, 영화 및 뮤직비디오를 제작하는 애플 필름즈, 음반사인 애플 퍼블리싱, 각종 굿즈 및 기념품을 판매하는 애플 리테일, 음반을 녹음하는 애플 스튜디오 등을 가진 대기업이었습니다.

그리고 1977년, 애플 컴퓨터의 스티브 잡스도 한입 베어 물은 사과를 애플 컴퓨터의 로고로 사용하기 시작하였습니다. 사과 로고를 둘러 싼 애플 레코드와 애플 컴퓨터의 기나긴 법적 분쟁은 이때부터 시작됩니다

애플레코드 로고   애플컴퓨터 로고

　법적 분쟁이 계속되던 1981년에 애플컴퓨터의 스티브 잡스는 애플 레코드와 사과 모양 로고에 대한 협정을 맺고 법적 분쟁을 종결시킵니다. 애플 컴퓨터는 애플 로고를 사용하되 음악 사업에 진출하지 않고 전자제품에만 사용하며, 애플 레코드 측에 8만 달러의 사용료를 지불한다는 협정입니다. 이 협정을 맺을 때까지만 해도 애플컴퓨터는 자신들이 음악 사업에 진출하지 않으리라 예상한 것 같습니다. 그러나 1986년, 애플 컴퓨터는 애플 레코드와의 협정을 어깁니다. 애플 컴퓨터가 새로 출시한 매킨토시 컴퓨터에 작곡용 칩 세트를 넣은 것입니다. 애플컴퓨터가 당시 매킨토시에 넣은 작곡 기능은 음악 산업에서도 혁명적인 기술이었습니다. 스티브 잡스는 거액의 배상금을 지불하더라도 이 기능을 포기하고 싶지 않았던 것 같습니다. 그렇게 매킨토시 사용자들은 매킨토시를 작곡용 기기로 사용하기 시작했고, 애플 컴퓨터는 결국 애플 레코드에 2,650만 달러라는 거액을 배상하게 되었습니다.

애플 컴퓨터의 음악 산업 진출와 애플 레코드의 분쟁은, 이것으로 끝이었을까요? 우리가 흔히 알고 있는 애플 컴퓨터의 아이튠즈는 2003년 출범되었는데, 이때도 애플 컴퓨터와 애플 레코드의 소송이 다시 불거졌습니다. 이 소송 분쟁은 2007년 애플 컴퓨터가 애플 레코드에 거액의 배상금을 지불하면서 종결됩니다. 두 회사의 합의로 분쟁의 종국을 맞은 애플 컴퓨터의 배상금은 공개되지는 않았지만 무려 5억 달러로 추정된다고 합니다.

교훈

미리 잘 만들어 둔 상표의 가치는
엄청난 부를 가져올 수도 있다

에너자이저와 듀라셀

≫

'백만 스물 하나, 백만 스물 둘…'. 우리나라에서 이 문구를 사용한 광고로 유명한 에너자이저는 세계 최초로 건전지를 만든 회사입니다. 1896년에 W. H. 로렌스가 건전지를 개발한 뒤 창립한 '에버레디배터리컴퍼니'가 모태이며, 에너자이저라는 브랜드의 런칭은 1980년이었습니다.

또 다른 건전지 회사인 듀라셀은 세계 건전지 판매 1위를 기록 중인 글로벌 건전지 회사입니다. 듀라셀(Duracell)은 '오래 견딘다'는 뜻을 가진 '듀라블(Durable)'과 '전지'라는 의미인 '셀(Cell)'이 합쳐져 탄생한 이름입니다. 듀라셀은 최초로 달에 간 건전지를 만들었으며 버니라는 토끼 캐릭터도 창안했죠. 이 두 회사는 건전지 업계에서 1위를 다투는 라이벌입니다.

그런데 에너자이저 브랜드의 캐릭터도 버니라는 사실을 알고 계셨나요?

건전지 업계에서 영원한 라이벌인 듀라셀과 에너자이저의 캐릭터 이름이 같다는 사실은 우연이 아닐 것입니다. 아니나 다를까, 두 회사는 '버니'라는 분홍 토끼 상표를 두고 이미 치열한 분쟁을 치렀습니다. 미국에서는 버니 전쟁이라 부르는 토끼 전쟁입니다.

1973년, 버니를 최초로 등장시킨 회사는 듀라셀입니다. 소비자에게 친숙한 토끼를 내세운 홍보 전략으로 귀여운 분홍 토끼가 등에 건전지를 메고 있는 모습을 선보였죠. 그러나 당시 듀라셀은 이 토끼를 상표로 등록하지는 않았습니다.

16년이 지난 1989년, 에너자이저는 듀라셀의 버니를 패러디합니다. 똑같이 분홍색 털을 가진 토끼 버니가 에너지 넘치는 모습으로 북을 치는 모습을 등장하는 광고를 발표했고 이 광고는 히트를 쳤습니다.

이를 본 듀라셀은 뒤늦게 버니 상표를 등록하려 시도하지만 실패합니다. 에너자이저가 이미 미국과 캐나다에서 '배터리를 사용하는 토끼'인 버니를 상표로 등록해버렸기 때문입니다. 실제로 에너자이저는 듀라셀보다 상표출원을 훨씬 더 많이 하고 있으며, 지금도 미국 특허청에서는 듀라셀의 상표보다 에너자이저의 상표 건수가 수십 배나 많습니다. 두 회사의 국제적 인지도나 매출이 우열을 가리기 힘든 것에 비하여 상표에 대한 인식은 달랐던 것 같습니다.

이처럼 상표의 중요성에 관한 두 회사의 인식 차이는 서로 다른 결과를 안겨주었습니다. 듀라셀이 버니를 먼저 창안했음에도 불구하고 미국 상표시장에서 승리해 버니를 당당하게 사용할 수 있는 회사는 에너자이저가 된 것이죠. 또한 에너자이저는 미국 및 캐나다에서 북 치는 토끼 '버니'를 독점적으로 출원하여 등록했습니다.

그러나 유럽에서의 상황은 달랐습니다. 듀라셀은 에너자이저보다 한 발 빠르게 움직여 유럽에서 버니를 상표로 등록하는 데 성공했습니다. 닮은 캐릭터를 사용하던 두 회사는 결국 두 회사는 다시 버니를 놓고 상표 분쟁에 휩싸입니다. 이 상표 분쟁은 과연 어떻게 되었을까요? 미국과 캐나다에서는 에너자이저가, 그 외 국가에서는 듀라셀이 버니를 독점적으로 사용한다는 합의로 끝났습니다.

상표권이 국가별로 존재한다는 사실을 다른 말로 '속지주의'라 합니다. 그러므로 국내뿐만 아니라 해외에서도 상표를 보호 받으려면 각국의 법과 절차에 따라 상표를 해외에도 출원해야 합니다. 한국에서 이미 내 브랜드로 등록했더라도, 외국에서도 내 브랜드로 인정받기 위해서는 국가마다 등록해야 한다는 의미입니다. 듀라셀이 버니를 고안하자마자 상표 등록을 했다면 미국과 캐나다에서도 듀라셀의 버니를 사용할 수 있었을 것입니다. 듀라셀이 버니라는 캐릭터 상표의 중요성을 그렇게까지 높게 보지 않았는지 상표출원을 늦게 했다는 점이 아쉬울 뿐입니다.

교훈

상표는 먼저 출원하는 것이 중요하다.

짝퉁을 이길 수 없었던 이유 03

한국 설빙과 짝퉁 설빙

'설빙'은 빙수를 좋아하는 사람이라면 한 번쯤 들어봤을 전통적인 코리안 디저트 카페입니다. 2014년에는 한류 열풍을 불러일으킨 드라마 '피노키오'의 성공에 힘입어 더욱 유명해졌습니다. 특히 물 대신 우유로 만든 눈꽃빙수를 출시해 인기를 끌었는데요, 달콤한 설빙에게도 전쟁 같은 뒷이야기가 숨어 있습니다.

2014년도 설빙은 드라마 '피노키오'의 성공을 통해 빙수 업체 중 선두 주자로 떠오르며 국내에서 성공적으로 상표 등록을 마쳤습니다. 한국에서 가장 강한 빙수 브랜드로서 자리매김한 설빙은 해외시장으로 눈길을 돌렸습니다. 그렇게 2015년 중국 시장 진출을 추진하면서 상해아빈식품과 마스터프랜차이즈 계약을 체결했습니다. 마스터프랜차이즈는 사업자가 직접 해외로 진출하지 않고 현지 기업과 계약을 맺어 가맹 사업 운영권을 판매하는 방식입니다. 이에 따라 설빙과 상해아빈식품은 한류 시장의 핵심인 중국 상해에 설빙1호점을 오픈합니다. 본격적으로 중국 시장에 뛰어들어 코리안 디저트의 위상을 알리기 시작한 것입니다. 그런데 여기서 문제가 발생합니다. 설빙과 아주 유사한 상표들이 중국에 먼저 등록된 상태였던 겁니다. 이로 인해 설빙은 중국에 상표 등록을 하지 못한 채 사업을 확장했고 그로 인해 중국 사업에 난항을 겪기 시작합니다.

중국 상해 중심가에 있는 쇼핑몰에는 설빙과 유사한 간판의 빙수 가게가 생겨났습니다. 이들 빙수 가게에서는 심지어 가게 디자인, 종업원 복장, 진동벨, 냅킨까지 설빙의 시스템을 그대로 베껴 영업하고 있었습니다. 설빙을 모방한 짝퉁 업체 중 몇몇은 중국에서 가맹점을 모집하기까지 했는데요. 상표를 유심히 살펴보지 않으면 차이점을 찾기 힘들 정도로 중국판 설빙은 한국 설빙과 유사했습니다. 마치 한국 설빙을 그대로 옮겨 놓았다고 착각할 만큼 설빙 짝퉁 업체들이 성행했습니다.

결국 2015년 라이선스 계약을 맺은 상해아빈식품은 자신들이 중국에서 제대로 영업을 할 수 없다며 한국 설빙에게 손해배상책임을 들어 소송을 제기합니다. 법원은 1심에서 한국 설빙의 손을 들어주었지만, 2심에서 중국 업체인 상해아빈식품의 손을 들어주었습니다. 이로 인해 한국 설빙이 물어 내야 하는 손해배상액만 9억이 넘었습니다. 2015년 설빙이 마스터프렌차이즈 계약을 맺을 때 라이선스비로 사용한 금액이 10억원이었으니 이 금액을 거의 모두 손해배상액으로 지급해야 하는 사건이었습니다.

중국에서는 어떻게 짝퉁 설빙이 한국 설빙의 상표를 가로챌 수 있었던 걸까요? 설빙이 중국으로 진출하기 전 중국 업체들이 선수를 쳐 설빙과 유사한 상표를 먼저 등록했기 때문입니다. 그리고 중국 현지가 아닌 외국에서 유명한 상표를 인정하지 않는 중국의 상표 실무 때문에 상표권을 되찾기가 매우 어려웠습니다.

해외로 진출하는 한국 기업은 대부분 외국에 브랜드를 진출한 후 상표 등록을 하는 것이 관례라고 여깁니다. 그렇지만 설빙의 중국 프랜차이즈 전쟁에서 알 수 있듯 외국 법원은 상표권이 해당 국가에 없다면 한국에 상표권을 소유한 한국 기업을 보호해주지 않습니다. 앞으로도 설빙과 같은 사례는 얼마든지 생길 수 있습니다. 상표권에 관한 설빙의 이야기는 한국 기업들에게 해외 진출 전 해당 국가에 반드시 상표권을 확보해야 한다는 교훈을 전달합니다.

교훈

해외진출 시 상표권 확보는
최우선 과제이다.

상표일까 디자인일까? 04

아가타와 스와로브스키

이번에는 국내에서 발생한 아가타(Agatha)와 스와로브스키(Swarovski) 의 상표 분쟁을 살펴보겠습니다. 사건의 배경을 살펴보면, 프랑스 악세사리 제조업체 아가타사는 강아지 형상의 상표를 귀금속제 목걸이 등에 대해 사용하는 것으로 2001년에 상표를 출원하고 등록 받았습니다. 그러나 그후 스와로브스키에서도 강아지 형상의 목걸이용 펜던트 제품을 출시하여 판매하자 양 사 간에 분쟁이 시작되었습니다.

아가타의 펜던트

스와로브스키의 펜던트

아가타는 스와로브스키를 상대로 한 손해배상청구소송에서 상표권 침해로 인한 손해배상금 1억원의 지급을 청구했고, 1심에서는 원고(아가타)의 승소 판결이 내려졌습니다. 그러나, 스와로브스키가 항소한 제2심에서는 정반대의 결과가 나왔습니다. 스와로브스키의 상표 사용이 출처 표시가 아닌 단순히 디자인을 위해 사용했다는 점에서 원고(아가타)의 패소 판결이 내려진 것입니다. 아가타에서는 이에 불복하여 상고하였으나 대법원(3심)에서도 스와로브스키가 상표를 사용했다고 볼 수 없다며 제2심 판결을 확정하였습니다. 대법원의 판시는 다음과 같았습니다.

> '아가타의 강아지 상표는 2차원의 평면 형태인 반면 스와로브스키 제품은 크리스털을 커팅해 3차원 입체감을 준 형태인 점을 비롯해 세부적인 점에서 차이가 있어 두 제품의 형상은 유사하다고 볼 수 없다. 또한, 스와로브스키의 펜던트 형상은 소비자의 구매욕구를 자극하는 요소지 상품의 출처를 표시하기 위한 목적으로 사용되었다고 보기는 어렵다'

즉, 스와로브스키가 펜던트에 대해 강아지 형상을 출처표시로서 사용하지 않았다는 이유로, 상표권 침해를 인정하지 않았습니다. 여기서 중요한 쟁점은 스와로브스키가 아가타의 상표를 상표로서 사용을 했는지, 아니면 디자인으로서만 사용했는지에 관한 것이었습니다. 상표법상 침해에 해당하기 위해서는, 타인의 등록 상표를 출처표시로서 사용한 것이 인정되어야 합니다. 그러므로 상표를 디자인 목적만으로만 활용하였다면 침해에 해당하지 않습니다. 이를 '디자인적 사용'이라고 합니다.

사실 상표를 디자인처럼 사용하였을 때 상표적 사용에 해당하는지 아닌지에 대한 정답은 명확하지 않습니다. 용어의 구분 자체가 모호하기 때문입니다. 쉬운 예로, 버버리의 체크무늬는 누군가에게는 식별력 있는 상표로, 누군가에게는 단순히 아름다운 디자인으로 인식될 수 있습니다. 때로는 상표적 사용과 디자인적 사용이 중첩되기도 합니다. 아이폰에 부착된 사과 로고가 애플 사를 의미하는 상표가 될 수도 있고, 심미감을 주는 디자인이 될 수 있는 것처럼 말입니다.

그렇지만 침해 여부를 판단하기 위해서는 이 둘을 구분해야 합니다. 상표적 사용인지 아닌지의 여부를 어떻게 판단할 수 있을까요? 우리나라 법원에서는 상표적 사용인지 여부를 '상표의 위치, 크기, 저명성, 사용자의 의도와 사용 경위 등'을 종합하여 상표가 상품의 식별 표지로서 사용되는지를 판단해야 한다고 판시합니다. 상표가 실제로 거래되는 실정을 고려하여 사용자의 사용행위가 상표적 사용인지 아닌지를 판단하는 것입니다.

교훈
상표의 디자인적 사용은
상표 침해로 인정되지 않을 수 있다.

루이비통과 천더씨웅

프랑스의 명품 가방 브랜드인 루이비통은 1985년에 이미 중국에서 자신의 문양을 핸드백, 지갑, 우산, 지팡이 등에 상표 등록을 하였고, 지금까지 계속 갱신하여 왔습니다. 그런데 자동차 차량 용품을 제조하고 판매하는 중국 기업 천더씨웅이 무단으로 루이비통 도형 상표를 사용하기 시작합니다. 카시트 등의 차량 용품에 루이비통의 문양을 장식으로 이용한 것입니다. 이에 루이비통은 천더씨웅이 상표권을 침해했다고 주장하였습니다.

그러나 루이비통의 주장에는 두 가지 문제가 있었습니다. 우선 루이비통이 등록한 상표는 핸드백, 지갑, 우산 등에 한정되며 차량 용품은 해당되지 않는다는 점입니다. 또한 천더씨웅이 별도의 상표를 표시하며 판매하여, 루이비통의 문양을 상표로서 사용한 것인지 여부가 모호했다는 점입니다.

루이비통은 자신이 등록한 도형 상표가 저명 상표이기 때문에 지정 상품(ex. 지갑, 핸드백 등)이 아닌 차량 용품에 사용하였다고 하더라도 상표권 침해에 해당한다고 말했습니다. 반대로 천더씨웅은 루이비통이 위 도형 상표를 장식 무늬로 사용했을 뿐 상표로 사용한 것이 아니기 때문에 상표로서 인식되지 않으며, 이는 자신이 사용하는 도형 상표도 마찬가지로 상표가 아닌 장식 무늬로 사용했다는 이유를 들어 침해가 아니라고 반박하였습니다. 위 분쟁은 고급인민법원(2심)까지 가게 되었고, 2심에서는 1심과 동일 취지로 다음과 같이 판시하였습니다.

'루이비통의 등록 도형 상표의 알려진 정도는 저명 상표에 이르러 등록 받은 지정상품인 제18류를 넘어서 차량 용품에까지 상표권의 효력이 미친다. 루이비통은 등록 도형 상표를 장기간 상품의 장식으로 사용하였으므로 해당 상표는 상품의 근원을 구별시켜 상표법 의미상의 사용에 해당한다. 천더씨웅은 벨트 버클에 도형상표를 반복적으로 사용하여 제품 출처 표시와 외관을 아름답게 하는 기능을 동시에 하고 있으므로 천더씨웅의 행위 역시 상표적 사용에 해당한다.

위 판결은 루이비통과 천더씨웅 모두 상표를 디자인적으로 사용했다는 것과 동시에 상표적으로도 사용했음을 인정하는 내용입니다. 루이비통 문양을 단순히 디자인으로만 사용했기 때문에 상표권 침해가 아니라는 천더씨웅의 주장이 허용되지 않은 것이죠. 결국 천더씨웅이 차량 용품에 루이비통의 문양을 장식으로 이용한 행위는 루이비통의 상표권을 침해한 것으로 결론 내려졌습니다.

만약 루이비통의 도형 상표가 저명하지 않았다면, 천더씨웅이 사용한 도형 상표를 디자인적 사용으로 취급하여 상표 침해로서 인정되지 않았을지도 모릅니다. 앞의 사례에서도, 아가타의 강아지 형상 상표가 관련 업계에서 독보적으로 저명하였다면, 해당 상표 사용은 모두 아가타의 출처로 인식되어 상표 침해가 성립되었을지도 모릅니다. 결국, 상표권 침해의 성립여부는 모방된 상표가 시장에서 갖는 인지도에 따라 달라질 수 있습니다. 저명한 상표를 따라할 때에는 조금 더 주의를 기울여야 하겠습니다.

교훈

저명한 상표의 디자인적 모방은
상표 침해로 인정될 가능성이 높다.

삼성전자와 오리엔트바이오

2018년 8월, 삼성전자는 '갤럭시 워치'를 출시했습니다. 그러나 얼마 지나지 않아 같은해 10월에 오리엔트 시계로부터 '갤럭시 워치'에 대한 판매 금지가처분 소송에 휘말립니다.

사연은 이렇습니다. ㈜오리엔트바이오(이하 오리엔트)는 시계가 속한 상품(분)류 14에서 '갤럭시'라는 상표를 독점 사용하고 있었습니다. 이미 오랜시간 갤럭시 시계라는 브랜드로 사용되어 오리엔트의 갤럭시 시계는 소비자에게도 널리 알려져 있었습니다. KIPRIS검색을 통해 오리엔트가 '갤럭시'를 14류 시계 등에 상표로 등록한 상태를 확인할 수 있습니다.

□ 등록 🏅 [1] 갤럭시   심판 공보

상품분류 : 14	출원인 : 주식회사 오리엔트바이오
출원(국제등록)번호 : 4020140048…	출원(국제등록)일자 : 2014.07.21
등록번호 : 4011163640000	등록일자 : 2015.07.07
출원공고번호 : 4020150031470	출원공고일자 : 2015.04.02
도형코드 :	대리인 : 특허법인씨엔에스

한편, 삼성전자는 스마트폰에 해당하는 상품류 9에 '갤럭시' 상표를 다음과 같이 독점하고 있었습니다.

□ 등록 🏅 [1] GALAXY   심판 공보

상품분류 : 09	출원인 : 삼성전자주식회사 삼성물산 …
출원(국제등록)번호 : 4020120011…	출원(국제등록)일자 : 2012.02.23
등록번호 : 4010895440000	등록일자 : 2015.02.25
출원공고번호 : 4020140123335	출원공고일자 : 2014.12.19
도형코드 :	대리인 : 유미특허법인

□ 등록 🏅 [1] GALAXY X   공보

상품분류 : 09	출원인 : 삼성전자주식회사 삼성물산 …
출원(국제등록)번호 : 4020170024…	출원(국제등록)일자 : 2017.02.24
등록번호 : 4013119210000	등록일자 : 2017.12.11
출원공고번호 : 4020170083320	출원공고일자 : 2017.08.17
도형코드 :	대리인 : 서만규 전숙현 서경민

☐ 등록 🏅 [2] GALAXY STUDIO   공보

상품분류 : 35 41	출원인 : 삼성전자주식회사 삼성물산 …
출원(국제등록)번호 : 4020160081…	출원(국제등록)일자 : 2016.10.07
등록번호 : 4012677270000	등록일자 : 2017.07.10
출원공고번호 : 4020170042760	출원공고일자 : 2017.04.24
도형코드 :	대리인 : 서만규 서경민 전숙현

☐ 등록 🏅 [1] Galaxy S 7   공보

상품분류 : 09	출원인 : 삼성전자주식회사 삼성물산 …
출원(국제등록)번호 : 4020160022…	출원(국제등록)일자 : 2016.03.28
등록번호 : 4012268400000	등록일자 : 2017.01.11
출원공고번호 : 4020160100711	출원공고일자 : 2016.09.29
도형코드 : 020901	대리인 : 서만규 서경민

오리엔트가 시계 분야에서 '갤럭시' 상표권을 확보하고 있으므로, 삼성 전자에서는 스마트 워치에 갤럭시를 쓸 수 없다고 생각했을 겁니다. 그래서 처음에는 'GEAR'라는 이름으로 스마트 워치를 출시했죠.

그러던 도중 삼성전자는 문득 이런 생각을 했을 것 같습니다. '스마트폰 에 해당하는 상품류 9류에서 시계 모양의 스마트폰으로 상표를 출원하면 등록 받을 수 있지 않을까?' 시계 등에 해당하는 상품 분류 14류에는 오리엔 트의 '갤럭시' 상표가 선점되어 있지만, 소프트웨어나 스마트폰에 해당하는 상품류 9류에서 '갤럭시'는 삼성전자의 상품으로 인식되어 있다는 점을 노 린 것입니다. 그리하여 삼성전자는 'Galaxy Watch'라는 이름의 상표를 '시 계모양의 스마트폰'을 지정상품으로 하여 출원합니다. 뿐만 아니라 일정한 요건을 만족하는 상표를 다른 출원보다 우선적으로 심사해주는 우선심사제 도를 활용하여 심사를 통과하고, 출원공고를 받자마자 제품을 출시합니다.

☐ 등록 [1] SAMSUNG Galaxy Watch　　　　　　　　　　　　　　　　　공보

SAMSUNG
Galaxy Watch

상품분류 : 09
출원(국제등록)번호 : 4020180083…
등록번호 : 4014984150000
출원공고번호 : 4020180084511
도형코드 : 260323 270508 270901

출원인 : 삼성전자주식회사 삼성물산 …
출원(국제등록)일자 : 2018.06.20
등록일자 : 2019.07.10
출원공고일자 : 2018.08.21
대리인 : 리앤목특허법인

☐ 등록 [1] Galaxy Watch　　　　　　　　　　　　　　　　　　　공보

Galaxy Watch

상품분류 : 09
출원(국제등록)번호 : 4020180060…
등록번호 : 4014984140000
출원공고번호 : 4020180085642
도형코드 :

출원인 : 삼성전자주식회사 삼성물산 …
출원(국제등록)일자 : 2018.05.04
등록일자 : 2019.07.10
출원공고일자 : 2018.08.23
대리인 : 리앤목특허법인

☐ 등록 ⊛ [2] SAMSUNG Galaxy Watch　　　　　　　　　　　　　　　공보

SAMSUNG Galaxy Watch

상품분류 : 09
출원(국제등록)번호 : 4020180083…
등록번호 : 4014984160000
출원공고번호 : 4020180082270
도형코드 : 260323 270508 270901

출원인 : 삼성전자주식회사 삼성물산 …
출원(국제등록)일자 : 2018.06.20
등록일자 : 2019.07.10
출원공고일자 : 2018.08.14
대리인 : 리앤목특허법인

　　그러나 오리엔트는 이를 용납하지 않았습니다. 출원공고된 상표에 이의신청을 내고, 삼성전자가 판매하는 제품에 대한 판매금지가처분을 걸었습니다. 결국 '갤럭시 워치'를 사이에 둔 두 회사의 상표 분쟁이 시작되었습니다.

　　이렇게 된 배경에는 '스마트 워치'가 상품 분류 9류에 속한 '스마트폰'과 14류에 해당하는 '시계'의 접점에 있기 때문입니다. 스마트 워치는 스마트폰 기능을 갖는 시계일까요, 아니면 시계 모양의 스마트폰일까요? 시계라면 14류(시계 등)에 대해 '갤럭시' 상표를 가지는 오리엔트가 이기고, 스마트폰

이라면 9류(스마트폰 등)에 대해 '갤럭시' 상표를 가지는 삼성이 이기는 싸움이었습니다. 모양은 시계니까 아무래도 오리엔트로 유리하게 돌아가지 않을까 생각하던 찰나, 삼성전자가 바로 반격을 가합니다. 오리엔트가 자신들의 등록 상표를 일부 지정 상품, 즉 전자시계에 사용하지 않았다며 취소 심판을 신청한 것이지요. 오리엔트가 삼성전자에게 판매금지가처분 신청을 한지 얼마 지나지 않은 시점이었습니다. 삼성전자의 빠른 대응이 돋보입니다.

결과는 어땠을까요? 취소심판에서 내려진 심결로 확인해봅시다.

1. 상표 등록 제1116364호(권리자 : 오리엔트)의 지정 상품 중 'GPS기능이 있는 전자시계, 동영상 재생 기능이 있는 전자시계(시계가 주된 기능임), 메모 기능이 있는 전자시계(시계가 주된 기능임), 운동량 측정 기능이 있는 전자시계(시계가 주된 기능임), 음성 녹음 기능이 있는 전자시계(시계가 주된 기능임), 음악 재생 기능이 있는 전자시계(시계가 주된 기능임), 이메일 송수신이 가능한 전자시계(시계가 주된 기능임), 통화 기능이 있는 전자시계(시계가 주된 기능임)'의 등록을 취소한다.

이에 따라 결국 오리엔트의 '갤럭시' 상표 중 전자시계에 관한 지정 상품은 모두 등록이 소멸되었습니다. 오리엔트가 등록 상표를 전자시계 분야에서 사용하지 않았다는 사실이 인정된 것입니다. 이렇게 되면 오리엔트는 삼성전자에게 제기한 침해금지 가처분 청구는 상표권(피보전 권리)이 없어지거나 권리를 미리 보전할 필요성을 인정받지 못해 기각을 당하게 됩니다.

그러나 오리엔트는 이미 대비책을 가지고 2차전을 준비하고 있었습니다. 2018년 8월 29일에는 상품 분류 14류인 시계 및 전자시계에 '갤럭시 워치'를, 2018년 10월 10일에는 '갤럭시 스마트 워치'와 '갤럭시 인공지능 워치'를 새롭게 출원한 것입니다. 이 상표를 상품 분류 14류(시계 및 전자시계 등)에 새롭게 출원하여, 상표 등록을 노렸습니다. 상표 등록이 되는 순간 오리엔트는 전자시계에 대해 '갤럭시 워치' 상표권을 다시 갖게 되는 것입니다. 또한 오리엔트는 '갤럭시 워치'에 대해 판매금지가처분 등 권리 행사를 시행할 수 있게 됩니다. 14류에 오리엔트의 '갤럭시 워치' 상표가 다시 등록된다면 전세가 뒤집어지는 것입니다.

그리고 2019년 4월 8일, 오리엔트의 '갤럭시 워치' 상표에 대해 출원공고가 났습니다. 오리엔트의 상표 출원이 심사를 통과한 것입니다. 만약 삼성전자가 이에 대해 이의신청을 하지 않아 그대로 상표 등록이 된다면, 오리엔트는 상표 분쟁에서 유리한 위치를 차지하게 됩니다. 삼성전자의 취소 심판 신청도 신의 한 수였지만, 오리엔트가 상품분류 14류에 신청한 '갤럭시 워치'의 상표 출원도 좋은 한 수였습니다. 그러나 6월 10일, 삼성전자는 위 출원공고된 상표에 대해 이의를 신청합니다. 삼성전자와 오리엔트의 담당자들은 긴장하고 있었겠지만, 멀리서 이를 지켜보는 필자들에게는 흥미로운 사건이었습니다.

결과적으로는 삼성전자가 '갤럭시스마트워치', '갤럭시인공지능워치', '갤럭시 워치'의 등록을 받았습니다.

□ 등록 🏅 [3] 갤럭시스마트워치　　　　　　　　　　　　　　　공보

상품분류 : 14	출원인 : 삼성전자주식회사
출원(국제등록)번호 : 4020180138···	출원(국제등록)일자 : 2018.10.10
등록번호 : 4015198220000	등록일자 : 2019.09.10
출원공고번호 : 4020190068589	출원공고일자 : 2019.06.24
도형코드 :	대리인 : 리앤목특허법인

□ 등록 🏅 [2] 갤럭시인공지능워치　　　　　　　　　　　　　　공보

상품분류 : 14	출원인 : 삼성전자주식회사
출원(국제등록)번호 : 4020180138···	출원(국제등록)일자 : 2018.10.10
등록번호 : 4015198200000	등록일자 : 2019.09.10
출원공고번호 : 4020190068587	출원공고일자 : 2019.06.24
도형코드 :	대리인 : 리앤목특허법인

□ 등록 🏅 [2] 갤럭시 워치　　　　　　　　　　　　　　　　　공보

상품분류 : 14	출원인 : 삼성전자주식회사
출원(국제등록)번호 : 4020180120···	출원(국제등록)일자 : 2018.08.29
등록번호 : 4015170460000	등록일자 : 2019.09.03
출원공고번호 : 4020190039223	출원공고일자 : 2019.04.11
도형코드 :	대리인 : 리앤목특허법인

　흥미롭게도 최초 위 상표들의 출원인이었던 오리엔트가 아닌 삼성전자가 '갤럭시 워치' 상표의 주인이 된 것입니다. 어떻게 위 상표를 출원한 오리엔트가 아닌 삼성전자가 상표 등록을 받을 수 있었을까요? 사건의 히스토리를 찾아보니 2019년 8월 23일, 오리엔트에서 삼성전자로 출원인이 변경되었습니다. 그리고 바로 그 전인 2019년 6월 10일, 오리엔트가 출원한 위 상표들에 대해 삼성전자가 이의신청을 하였으나 2019년 8월 13일에 이의신청을 취하하였습니다. 삼성전자가 전자시계 부분에 대해 오리엔트가 소유하던 갤럭시 상표를 모두 양수하는 조건으로 양측이 협의한 것으로 보입니

다. 결국 삼성전자가 전자시계와 시계모양 스마트폰의 '갤럭시워치' 상표권을 독점하게 되었습니다.

　이렇듯 갤럭시 상표 분쟁은 긴 공방전 끝에 양측이 협의하여 막을 내립니다. 유리한 상황이었던 삼성이 오리엔트와 협의하여 양도한 이유는 오리엔트가 '갤럭시'라는 브랜드를 시계 분야에서 오래 사용했기 때문일 겁니다. 나아가 오리엔트가 출원하여 심사를 통과하고 출원공고된 '갤럭시워치', '갤럭시 인공지능 워치', '갤럭시 스마트 워치'도 삼성전자와의 협의에 상당한 영향을 미쳤다고 봅니다. 삼성전자는 스마트 워치 제품을 '갤럭시'라는 이름으로 출시한 상황에서 빠르게 분쟁을 종결하고 제품을 원활하게 공급하고 싶었을 것입니다.

교훈

시대에 따라
상품의 개념도 변할 수 있다.

'금강' 상표 분쟁 07

구두회사 금강과 양말회사 금강

금강제화는 마름모로 둘러싸인 '금강' 표장을 1960년대부터 구두에 사용해왔고, 1987년 구두에 상표로 등록한 저명한 회사입니다. 그리고 금강텍스의 전신 금강섬유는 1969년 펜 모양의 도형 안에 'KUMKANG'라는 글귀와 하단에 '금강'이라고 표시된 상표를 '양말'에 대해 등록하고 양말을 제조·판매해 왔습니다. 이들은 서로 아무런 관련이 없는 회사입니다. 그렇지만 양말과 신발을 만드는 서로 비슷한 이름을 가졌기에 서로 신경이 많이 쓰였을 것 같습니다. '금강'이라는 상표를 먼저 사용한 곳은 금강제화지만, '금강'을 상표로서 먼저 등록한 곳은 금강텍스입니다.

그러다 2002년 금강텍스가 금강제화의 상표와 비슷한 마름모꼴 표장이 새겨진 양말을 판매하자 금강제화가 이에 대해 소송을 진행합니다. 같은 해 금강텍스 측도 금강제화가 똑같은 표장의 양말을 판매하자 상표권 위반으로 고소를 진행합니다. 결국 이들 업체 간 민·형사상 소송전이 벌어졌습니다. 상표권 분쟁이 소모전으로 치닫자 두 업체는 이듬해인 2003년 1월 해당 상표에 대해 '구두는 금강제화, 양말은 금강텍스가 사용한다'는 취지의 내용으로 합의각서를 맺고 서로 소송을 취하합니다.

하지만 이와 같은 평화는 2013년 금강텍스 측이 금강제화의 로고를 닮은 마름모꼴 표장에 대해 다시 상표 등록을 출원하며 사라졌습니다. 금강제화는 특허청에 이의신청을 했고, 특허청은 금강텍스의 상표 등록을 거절했습니다. 이후 금강제화는 금강텍스를 상대로 침해금지청구를 포함하는 민사소송, 상표를 무효로 해달라는 무효심판, 상표등록을 취소해달라는 취소심판을 동시에 진행합니다.

무효심판에서는 양말과 신발이 구분되어 상품이 비유사하기 때문에 상표 또한 서로 비유사하다는 이유로 금강텍스의 상표가 살아남았습니다. 다만, 취소심판에서는 금강텍스가 자신들의 등록 상표를 변형하여 사용하였기 때문에 타인의 상표와 혼동이 일어났다는 이유로 금강텍스의 상표가 취소되었습니다.

민사소송은 어떻게 되었을까요? 법원은 민사소송 1심에서 과거 2003년 합의서의 효력을 인정하며 금강텍스 측의 손을 들어줬습니다. 침해가 아닌 것으로 판정한 것입니다. 이에 금강제화 측은 항소했지만 특허법원으로 이어진 항소심에서도 금강텍스 측이 승리하였습니다.

금강제화 측이 2003년 양사가 상표의 사용에 관한 합의를 맺을 당시 금강텍스의 대표자와 지금의 대표자가 달라 합의 효력을 인정하기 어렵다는 취지로 반박하였으나, 항소심은 여전히 양사가 2003년 맺은 합의의 효력을 인정하여, 상표권 침해는 성립하지 않는 것으로 판단했습니다. 나아가 침해가 성립하지 않는 이유로 "거래통념상 신발 업체에서 제조·생산하는 구두와 의류 업체에서 제조·생산하는 양말은 형상과 용도, 생산 부문 및 판매 등에서 차이가 있어 유사상품에 해당한다고 보기 어렵다"고 덧붙입니다. 상품이 서로 유사하지 않다는 의미입니다. 결국 유사한 상품도 아니었고, 과거 합의의 효력도 여전히 존재하므로 침해가 아니라고 판단한 것입니다.

교훈

상표권의 침해는 상품이 유사해야 성립할 수 있다.
상표에 관한 합의는 두고두고 문제될 수 있다.

초코파이 사건　08

동양제과와 롯데제과

　　우리나라에서 처음으로 초코파이를 만든 동양제과는 1974년에 '오리온 초코파이'로 상표를 출원했고, 1976년에 상표 등록을 받았습니다. 그러다 1979년, 롯데제과가 '롯데 초코파이'를 상표로 출원하여 등록 받습니다. 동양제과는 이 상표 등록에 대해 최초에 이의를 제기하지 않았으나, 롯데 초코파이가 무서운 속도로 성장하여 경쟁 상대로 떠오르자 1997년 롯데제과의 '롯데 초코파이' 상표 등록을 무효로 해달라는 무효심판을 청구하였습니다.

　　이 무효심판은 특허법원에 이어 대법원까지 올라가게 됩니다. 그렇지만 대법원은 이 상고심에서 '초코파이'가 식별력을 잃었고 따라서 양 상표는 비유사하여 '롯데 초코파이' 상표등록이 유효하다고 판결합니다. 즉, '초코파이'가 누구나 쓸 수 있는 이름이 된 것입니다. '초코파이' 브랜드를 최초로 가지고 있던 동양제과에게 이 결과는 마치 브랜드의 사형 선고 같았을 것입니다.

재판부는 롯데제과의 손을 들어주면서, 동양제과가 '오리온 초코파이'를 상표로 출원했을 때에는 '초코파이'라는 단어가 조어에 해당하여 상표로서 기능하였지만, 이것이 훗날 특정 회사의 제품을 구별하게 하는 표지 기능을 상실했다고 보았습니다. 이 사건으로 동양제과는 '초코파이'라는 브랜드를 상실했고, 수천 억에 해당하는 손실을 입었습니다. 롯데제과는 이후 '롯데 초코파이'의 가격을 올리면서 소비자에게 일반 명사가 되어버린 '초코파이'로 제품명을 바꿉니다.

위의 소송에서 대법원은 '초코파이'가 상표를 넘어 동그랗게 생긴 빵에 마시멜로를 넣고 초콜릿을 바른 과자를 지칭하는 명칭으로 이미 인식되고 있다고 말했습니다. '초코파이'가 특정 상품을 지칭하는 명칭 이상으로 관용적인 표현이 되었다는 의미죠. 이 경우 '초코파이'는 상표가 가지는 식별력이 상실되어, 상표로서 기능하지 못하게 됩니다.

왜 이런 일이 벌어졌을까요? 우선 동양제과가 상표로 '오리온 초코파이'를 출원했다는 점이 아쉽습니다. 상표를 출원할 당시, 소비자들은 '초코파이'가 무엇인지 잘 몰랐습니다. 당연히 '초코파이'가 둥근 빵에 마시멜로를 넣고 겉에 초콜릿을 바른 과자라고 생각하지 못했을 겁니다. 이때 동양제과가 '초코파이'로 상표를 출원하여 등록 받고 잘 관리했다면 지금까지도 롯데제과를 포함한 다른 누구도 '초코파이'라는 이름을 사용할 수 없었을 겁니다.

아니면 적어도 동양제과는 '오리온 초코파이'라는 상표를 소유하고 있었기 때문에 이후 '초코파이'를 포함한 상표를 출원하는 업체들의 등록을 막고, 초코파이라는 이름을 사용하는 업체들을 사용하지 못하도록 제제했어야 합니다. 즉, 롯데제과가 '롯데 초코파이'를 출원하자마자 정보제공이나 이의신청을 통해 상표가 등록되지 않도록 움직여야 했습니다. 이 사례에서는 동양제과가 롯데제과의 상표 등록 후 20년이 지난 후에서야 '초코파이'를 지키기 위한 조치를 취한 것이 아쉽습니다.

교훈

상표 등록 후에도 상표를 지키기 위한
조치를 취해야 한다.

불닭 상표 쟁탈전　09

홍초원과 부원식품

≫

　추억의 상표 홍초불닭을 아시나요? 2005년 당시 전국에 160여개에 이르는 지점이 있었고, 매운 게 당길 때는 치즈와 함께 먹는 불닭으로 매우 유명했습니다. 그런데, 그렇게 잘나가던 홍초불닭 매장이 어느 순간 잘 보이지 않게 되었습니다. 어떻게 된 일일까요? 예상하시겠지만, 바로 상표권 분쟁 때문입니다. 홍초불닭에게 무슨 일이 있었는지 살펴보겠습니다.

　홍초불닭은 홍초원이라는 회사의 상표로, 2001년 12월에 출원되어 2003년 11월에 등록된 상표입니다. 상표 등록 후 운영한 홍초불닭은 큰 인기를 끌었습니다. 그러나 문제는 홍초원이 홍초불닭을 상표 출원하기 이전인 2000년 3월에 부원식품이라는 회사에서 불닭이라는 상표를 먼저 출원하여 등록 받았다는 사실입니다.

이에, 부원식품 측은 자신들의 등록상표 '불닭'과 '홍초불닭'이 유사하다는 이유로 '홍초불닭'의 등록을 무효화해 달라는 무효심판을 청구하였습니다. 특허법원 및 대법원까지 이어진 긴 싸움 끝에 법원은 결국 부원식품의 손을 들어줬습니다. 홍초불닭이 출원하였던 2001년 말 경에는 '불닭'이 수요자들 사이에서 '엽기떡볶이', '마약핫도그'처럼 그저 누군가에 의해서 만들어진 조어로서 인식되었고 따라서 충분히 출처표시로서의 기능을 하기 때문에 식별력 또한 있다고 인정한 것입니다. 즉 '불닭'을 포함하고 있는 홍초원의 '홍초불닭' 상표는 먼저 등록된 부원식품의 '불닭' 상표와 서로 유사하여, '홍초불닭'이 잘못 등록된 상표라고 판단한 것입니다.

구체적으로 대법원에서는 "홍초불닭 중 불닭 부분이 사건 등록 서비스표의 출원 당시를 기준으로 볼 때 지정 서비스업인 닭 요리 전문간이식당업 등과 관련하여 '불을 이용한 닭요리' 등으로 암시될 가능성은 있으나 그 지정서비스업에서 제공되는 요리의 제조방법 및 가공방법 등을 직감시키는 것으로 보기 어렵다."라는 이유로 불닭이 출처를 나타내며 식별력이 있다고 인정하였습니다.

따라서 부원식품이 등록한 '불닭'과 유사하다고 판단된 홍초원의 '홍초불닭' 등록 상표는 2006년에 결국 무효가 확정되었습니다. 그 후, 부원식품은 홍초원에 홍초불닭 전국 지점에 불닭 상표를 사용을 금지할 것을 요구하는 경고장을 발송했고, 2007년 6월에는 상표 사용 금지 가처분 신청과 함께 상표권 침해 고소를 하였습니다. 법원에서는 가처분 신청을 받아들였고, 홍초원은 전국 지점의 홍초불닭 간판을 내리고 상호를 레드 스테이션으로 바꿀 수밖에 없었습니다.

홍초불닭 상표의 홍초원은 이에 대응하기 위해 불닭 상표를 소유하고 있는 부원식품 측에 소극적권리범위확인심판을 청구했습니다. 소극적권리범위확인심판이란 등록상표권의 효력이 사용 상표에 미치는지를 상표 침해소송과는 별도로 확인하는 심판입니다. 홍초원은 자신들의 상표사용이 불닭 상표의 권리범위에 속하지 않는다고 주장한 것입니다. 특허심판에서 특허법원까지 이어진 법적다툼에서 법원은 심결시인 2007년을 기준으로 "불닭은 닭 요리에 관한 보통명칭으로 인식되어 상표로서의 식별력을 상실하였다"라고 판단하였습니다. 그러므로 '홍초불닭'이라는 상표의 사용이 '불닭' 상표의 권리범위에 속하지 않는다고 한 것입니다.

즉, 법원은 2007년 7월 이후로 불닭이 특정인의 출처로 인식되는 것이 아니라 닭 요리에 관한 보통명칭으로 인식되므로 상표로서의 식별력을 상실하였다고 판단하였습니다. 이때, 식별력 상실을 증명하기 위해 홍초원은 설문 조사를 요청하여, 특허법원에서 주도적으로 설문 조사까지 진행하게 되었습니다. 설문 조사 결과는 다음과 같았습니다.

'심결 시(2007년 7월)로부터 얼마 경과되지 않은 2008년 3월을 기준으로 대도시 거주 20대 이상의 성인남녀 600명 중 97%가 불닭을 알고 있으며, 과반수가 넘는 60. 3%의 소비자가 불닭을 특정인의 상표가 아닌 보통명칭으로 인식하고 있는 것으로 나타났다.'

결국 홍초원이 유리한 결과가 나왔습니다. 특허법원은 이를 종합하여 홍초원이 사용하는 홍초불닭 상표가 부원식품의 불닭등록 상표의 권리 범위에 속하지 않는다고 판결을 내렸습니다. 즉, 홍초원에서 사용하는 홍초불닭 상표가 부원식품의 불닭 등록 상표를 침해하지 않는다는 의미입니다.

그렇다면, 여기서 의문점이 생깁니다. 무효심판에서는 부원식품이 이기고, 권리 범위 확인심판에서는 홍초원이 이겼습니다. 무효심판에서는 '불닭'이 식별력이 있다고 하여 홍초불닭을 무효화했으나, 권리 범위 확인 심판에서는 '불닭'이 식별력이 없다며 홍초불닭이 불닭의 권리 범위에 속하지 않는다고 판단한 것입니다. 단순히 보면 무효심판과 권리 범위 확인 심판의 결과가 서로 충돌하는 것처럼 보입니다. 어느 심판이 잘못 판단한 것일까요?

사실 양 심판 모두 상황에 맞는 적절한 판결을 내렸습니다. 그럼에도 불구하고 다른 결과가 나온 것은 식별력의 판단 시점 때문입니다. 이처럼 타상표와 구별되는 식별력은 시간에 따라 변화할 수 있습니다. 마치 '아스피린'이 처음에는 바이엘 사의 상표였다가 이후 사용에 의해 식별력을 잃고 진통제의 대명사가 되어버린 것처럼 말입니다. '초코파이'도 처음에는 동양제과의 상표였으나 이후 식별력을 잃고 특정한 상품을 지칭하는 말이 되어버렸습니다.

무효심판에서는 상표가 식별력이 있는지 여부를 상표의 등록 여부 결정 시기를 기준으로 판단합니다. 그러므로 본 건의 특허 심판원 등은 2003년 11월 홍초불닭의 상표 등록 시점에 '불닭'이 상표로써의 식별력이 있다고 판단하였습니다. 반면에, 권리 범위 확인 심판에서는 권리 범위 확인 심판의 심결시를 기준으로 식별력 유무를 판단하므로, 특허심판원은 2007년에 불닭이 식별력을 상실한 것으로 보았습니다. 4년 사이에 불닭의 식별력이 상실되었다고 본 것입니다. 이와 같이, 무효심판 및 권리 범위 확인 심판에서의 판단 시점을 고려해보면, 위 판결이 상충하는 것이 아님을 확인할 수 있습니다.

결국 홍초원의 입장에서는 홍초불닭 상표가 무효화 되었지만, 권리범위 확인 심판에서는 승소하였고, 상표권 침해소송에서는 무죄 판결까지 받았기 때문에 법적 문제는 모두 해결되었습니다. 그러나, 한창 유행을 선도하였던 홍초불닭 간판을 레드 스테이션으로 바꾸는 과정에서 기존에 가지고 있던 홍초불닭이라는 브랜드의 영향력을 유지할 수는 없었습니다. 기존에 홍초불닭이 주는 강력한 이미지와 소비자들에 대한 양질의 기억은 모두 사라진 것입니다. 결국 160여개 매장이 문을 닫았고 현재는 몇 개의 매장만이 남아 있는 것을 보면, 위 상표분쟁으로 인하여 홍초불닭이 잃은 피해는 너무나 컸습니다.

교훈

기업이 상표를 잃으면
치명적인 손실을 입는다.

롯데제과

≫

　초코파이와 불닭의 쓰라린 이야기를 빗나가는 상표가 있습니다. 이름만 들어도 누구나 쉽게 상품을 떠올릴 정도로 유명한 '빼빼로'에 관한 이야기입니다. '빼빼로'의 상표권자인 롯데제과의 허락을 받지 못하면 다른 기업은 자신들의 과자에 대해 빼빼로나 빼빼로 데이라는 말을 사용하지 못합니다. 온라인 쇼핑몰에서도 과자에 대해 빼빼로 또는 빼빼로 데이 상표를 사용할 수 없습니다. 심지어 상품에 대한 설명에도 빼빼로 또는 빼빼로 데이의 직접적인 표현이 불가합니다. 초코파이와는 너무나 다른 상황입니다.

　나아가 과자가 아닌 다른 상품에도 빼빼로의 이름을 사용하기 어렵습니다. 롯데제과는 문구류 등 과자류와 전혀 다른 상품에 '빼빼로'라는 상표를 등록한 이를 상대로 특허법원에 상표 등록무효 소송을 진행하여 무효시킨 바 있습니다. '빼빼로'는 1983년부터 자신들이 제품에 사용하여 소비자들이 현저히 특정 회사의 제품이라고 인식하여, 타인이 과자류를 포함한 다른 상품의 명칭에도 상표 등록 받을 수 없다고 주장한 것입니다.

어떻게 이런 주장을 펼칠 수 있었을까요? '빼빼로'는 출처를 인식할 수 없는 보통명칭이 아닌 롯데제과의 제품이라고 현저히 인식되는 저명한 상표였기 때문입니다. 초코파이나 불닭은 보통명칭이고, 빼빼로는 저명한 상표였던 것입니다. 일반적으로 상표는 특정인의 출처로 인식된 후 주지 상표가 되고, 더 유명해지면 저명 상표가 됩니다. 이 단계를 넘어 누구나 상표를 보고 특정 기업이 아닌 특정 상품을 떠올릴 정도가 되면 보통명칭이 됩니다.

가령, 누군가 새로운 제품을 만들었을 때 동네에서 유명한 수준이면 '특정인의 출처로 인식된 표장'이 되는 셈입니다. 더 나아가 이 상표가 해당 업계에서 대다수가 알 정도로 유명해진다면 '주지상표'가 됩니다. 나아가 해당 제품의 소비자 뿐만 아니라 국민 대다수가 상표를 알 정도면 '저명상표'가 됩니다. 저명상표의 예시로 앞서 말한 '빼빼로'나 '삼성'같은 명칭을 들 수 있겠네요. 저명상표가 되면 동종 업계뿐만 아니라 이종업계에서도 그 명칭을 함부로 사용할 수 없습니다.

여기서 더 나아가 소비자들이 그 상표를 제품명으로 인식하고 사용하게 된다면 '보통명칭'이 됩니다. 스테이플러, 호빵, 초코파이 등이 그렇습니다. 보통명칭이 되면 상표로서 힘을 잃어버리는데요. 수천 억의 브랜드 가치를 가지던 상표도 그 가치가 0으로 수렴해버리는 것입니다. 그래서 유명 기업들은 자신들의 저명상표가 보통명칭화 되는 것을 막으려고 안간힘을 쓰고 있습니다.

보통명칭화를 어떻게 막을 수 있을까요?

일단 새로운 조어 상표를 개발했다면, 상표 등록은 가급적 조어상표 자체로 등록해야 합니다. '오리온 초코파이'가 아닌 '초코파이'로 상표를 등록해야 하는 것이죠. 만일 상표를 등록한 후 전국적으로 유명해졌다면 보통명칭화가 되는 것을 조심해야 합니다. 즉, 등록한 조어 상표가 해당 제품의 보통명칭이 아님을 지속적으로 알리는 겁니다.

'TM'이나 'ⓡ'과 같은 기호가 상표 옆에 붙는 것을 본 적 있으시죠? 유명한 글로벌 기업이 'OOO는 제품의 상표입니다'라는 문구를 쓰는 것도 흔합니다. 각티슈의 대명사처럼 인식되고 있는 크리넥스는 크리넥스가 각티슈의 명칭이 아니고 상표임을 항상 강조하고 있습니다. 이는 모두 기업이 자신들의 유명상표를 보통명칭으로 만들지 않으려는 노력입니다. 상표가 등록된 후에도 다른 회사가 자신들의 등록상표를 함부로 사용하고 있지는 않는지 꾸준히 모니터링하고, 자신들의 등록상표와 유사한 다른 상표가 등록 받지 못하도록 주의를 기울여야 합니다. 이런 행위를 상표관리라고 부릅니다.

출처: 크리넥스 트위터(twitter.com/lovelykleenex)

'코카콜라'는 세계적인 저명 상표이나, 치밀한 상표관리를 통해 아직도 보통명칭화 되지 않았는데요. 제품에 신경 쓰는 만큼 상표를 꾸준히 관리해 브랜드 가치를 높였고, 지금은 어떤 기업도 쉽게 자리를 넘볼 수 없는 세계 최고의 브랜드를 가진 기업이 되었습니다. 상표는 출원을 잘하는 것도 중요하지만, 상표관리도 그에 못지않게 중요합니다.

상표가 유명해지면 유명해질수록 보통명칭이 되어 버리기 쉽습니다. 그래서 글로벌 기업들은 자신의 브랜드들이 보통명칭이 되지 않게 하려고 엄청난 노력을 기울입니다. 저명한 상표를 가지고 있는 기업이라면 보통명칭화를 방지하기 위해 노력해야 할 것입니다.

교훈
상표가 유명해질수록
상표 관리가 중요하다.

아이돌 이름도 상표가 되나요 11

소녀시대

≫

소녀시대, 다들 잘 아시죠? 한국인이라면 누구나 아는 유명한 걸그룹입니다. 그런데 소녀시대가 처음 등장한 2007년 7월에는 그렇지 않았습니다. 덕분에 당시 소녀시대를 의류나 식품 등에 상표로 출원하여 심사를 통과한 사람이 있었습니다.

이 '소녀시대'라는 상표는 2007년 7월에 출원되어 심사를 통과하고 출원공고되었지만, 2008년 8월에 이의신청을 받았습니다. 그리고 이의신청에도 불구하고 2009년 2월에 상표로서 등록되었으나, 결국 그 다음에 제기된 무효심판에 의해 소멸되었습니다. 위 출원인은 '소녀시대'라는 상표를 25류(의류), 28류(오락용구), 29류(식육), 30류(커피), 31류(미가공), 32류(맥주), 33류(알코올), 35류(광고업), 44류(의류업)에 모두 출원하여 등록을 받았었습니다.

(511) 상품분류   9판   25 28 29 30 31 32 33 35 44
(220) 출원번호(일자)   4520070002880(2007.07.16)
(731) 출원인   김정문
(111) 등록번호(일자)   4500264430000(2009.02.10)
(260) 출원공고번호(일자) 4520080035414(2008.06.11)
(112) 등록공고번호(일자)
(641) 원출원번호(일자)
(300) 우선권주장번호(일자)
관련출원번호   4020070055114
공통상태지표

등록/취소/무효 확정 ❓
법적상태   무효(기각)
심사진행상태(일자)   이의신청 후 등록결정(2009.02.09)
소급구분(일자)   (2007.07.16)
심판사항   ◆ 심판사항 바로가기
구분   국내상표, 한글상표, 일반
기술이전 희망
이의신청 일자   2008.08.11
이의신청 상태   이의결정
이의신청 대상

지금 소녀시대가 가진 브랜드를 생각한다면 이 상표가 유효할 경우 상표가 가지는 가치는 엄청날 것입니다. 소녀시대 상표를 붙여서 팔면 뭘 팔아도 잘 팔릴 테니까요. 그 가치가 컸던지 이 사건은 무효심판, 특허법원의 심결취소 소송, 대법원의 상고까지 가게되었고 결국 최종적으로는 무효가 되었습니다.

상표법은 선사용상표가 저명할 경우 선사용상표와 다른 상품에 사용되더라도 상표 등록을 받을 수 없다고 말합니다. 수요자가 상품의 출처를 오인하거나 혼동할 우려가 있다고 판단하기 때문이죠. 그러므로, 선사용상표 '소녀시대'가 이 상표의 출원과 등록 당시에 저명했는지 아닌지의 여부가 쟁점이었습니다. 그리고 대법원은 출원상표의 등록여부 결정 시에는 선사용상표가 '저명한 상표'에 해당했다는 결론을 내렸습니다. 즉, 의류나 식품 등에 출원된 '소녀시대'라는 상표를 무효할 수 있다는 내용입니다.

하지만, 먼저 출원한 사람이 우선심사를 거쳐 2008년이나 2009년이 아닌 2007년에 '소녀시대' 상표를 등록해 버렸다면, 아마 '소녀시대'는 최초로 상표를 출원한 사람에게 유효했을 것입니다. 2008년에는 소녀시대가 저명했지만, 데뷔 당시인 2007년에 저명했다고 보기는 어렵거든요. 상표의 저명성은 상당히 엄격하게 판단하기 때문입니다. 만약 이 상표가 유지되었다면, '소녀시대'라는 브랜드 가치는 상당한 타격을 입었을 겁니다. 소녀시대 맥주, 소녀시대 커피 등등이 제3자에 의해 자유로이 판매되었을 테니까요.

여기서 우리는 아이돌 이름도 상표의 대상이라는 사실을 알 수 있습니다. 실제로 지난 1999년 아이돌 최초로 S. E. S가 상표를 출원한 이후 2020년까지 약 20년간 연예기획사의 상표 출원 건수는 약 5천 여 건에 이릅니다. 이들 아이돌 상표가 증가하는 것은 아이돌굿즈 시장이 활성화되면서 그룹 명을 이용한 상품 판매 또한 증가하고 있기 때문일 것입니다. 실제로 아이돌 소속사는 콘서트나 팬미팅 등 주요 행사에 맞춰 피규어, 티셔츠, 옷걸이, 트레이닝복, 바디로션, 방석, 휴지통, 반지, 에코백, 텀블러, 키링, 무선 키보드 등 다양한 굿즈를 판매하고 있습니다.

지금은 소녀시대의 소속사인 SM 엔터테인먼트가 '소녀시대' 상표권을 잘 챙기고 있습니다. 하지만, 대법원까지 간 이 소송 비용은 수천만 원에서 수억 원에 이르렀을 것으로 예상되는데요. 만약 소녀시대가 데뷔하기 전에 미리 다양한 류에 '소녀시대' 상표를 출원해 놓았다면 전체적인 비용을 훨씬 아낄 수 있었을 것입니다.

상품분류 : 21	출원인 : 주식회사 에스,엠,엔터테인…
출원(국제등록)번호 : 4020090037…	출원(국제등록)일자 : 2009.08.04
등록번호 : 4010214260000	등록일자 : 2014.02.07
출원공고번호 : 4020100062559	출원공고일자 : 2010.11.29
도형코드 :	대리인 : 특허법인 신세기

이처럼 상표 출원은 빨리 하는 것이 중요합니다. 시기를 놓치면 비용이 기하급수적으로 뛰게 됩니다. 보통 대기업은 제품이나 서비스를 출시하기 1년 전부터 상표를 준비합니다. 중견기업은 6개월 전부터, 중소기업이나 개인은 출시 직전에 상표를 준비하는 경우가 대다수입니다. 심지어 제품을 출시하고 한참이 지나서야 상표를 출원하려고 하는 경우도 있습니다. 이 책을 읽으신 독자분들에게 이제 그런 일은 일어나지 않을 것으로 믿습니다.

교훈

아이돌 이름도 중요한 상표가 되며
상표 출원은 빠를수록 좋다.

월마트 사건 12

글로벌 기업 월마트와 김 사장님의 월마트

　창고형 할인점으로 미국 50여개 주 전역에 퍼져 있는 월마트. 월마트는 전 세계 모든 기업을 통틀어 매출액 1위, 종업원 수만 230만 명이 넘는 미국 내 최대의 대기업입니다. 물가 경제 지표로 활용되기도 할 만큼 미국에서의 영향력이 큰 기업입니다.

　그런 월마트가 국내 진출을 단 1명의 상표권자 때문에 포기할 뻔 했던 사실을 아시나요? 1998년 있었던 일입니다. 당시 월마트는 네덜란드 마트였던 마크로를 인수하면서 마크로의 4개 매장으로 한국 내 사업을 본격적으로 시작하였습니다. 그러나 사업 초기 월마트는 자신들의 상표를 사용할 수 없다는 중대한 난관에 봉착합니다. 바로 경원 엔터프라이즈라는 생활용품 도매점을 운영하는 김 사장님이 1993년에 '월마트'를 미리 상표로 등록 받았기 때문입니다.

그리하여 월마트 사장인 월튼이 한국에서 가장 먼저 한 일은 바로 상표권자 김 사장님을 찾아가는 일이었습니다. 결국 김 사장님과의 상표권 양도 계획이 무산되자 월마트는 상표 무효심판소송을 청구하면서 치열한 법정 싸움을 시작합니다. 당시 월마트는 구상표법 제7조 제1항 제12호의 무효사유가 있으므로 김 사장님의 상표권은 무효가 되어야 한다고 주장하였는데요. 관련 법조항은 다음과 같습니다.

구상표법 제7조 제1항 제12호
국내 또는 외국의 수요자 간에 특정인의 상품을 표시하는 것이라고 "현저하게" 인식되어 있는 상표와 동일 또는 유사한 상표로서 부당한 이익을 얻으려 하거나 그 특정인에게 손해를 가하려고 하는 등 부정한 목적을 가지고 사용하는 상표는 등록 받을 수 없다.

우리나라의 상표법은 국내뿐만 아니라 외국에서 유명한 상표를 부정한 목적으로 출원하려는 자의 등록을 거절하고 있습니다. 따라서 월마트라는 상표가 유명한지, 그리고 출원인이 부정한 목적을 가졌는지에 따라 등록 상표를 무효화할 수 있는 것이죠. 특히 월마트 상표의 인지도를 놓고 양측의 치열한 공방이 계속되었는데요. 결국 최종 승자는 기존 상표권자인 김 사장님에게 돌아갔습니다. 월마트 상표의 출원 시점인 1991년도에 월마트는 아직 국내에 진출하기 전이었습니다. 월마트는 미국에서 월마트가 유명하다는 이유를 들어 한국에도 어느정도 알려졌다고 주장했지만, 실제 상황은 달랐습니다. 법원은 월마트가 외국에서는 유명할지라도 한국에서는 현저하게 인식되어 있다고 볼 수 없다고 판단했습니다.

현재 상표법은 '현저하게'라는 문구를 해당 조문에서 삭제하였습니다. 그래서 지금 동일한 사건이 일어났다면 당시 외국에서 유명했던 월마트의 인지도로 충분히 등록 상표를 무효화할 수 있었을 겁니다. 그렇지만 그 당시에는 '월마트' 선등록 상표를 무효화하는 것이 불가능했습니다.

그렇다면, 월마트는 결국 한국에서 상표권을 취득할 수 없었을까요?

무효심판을 통해 상표를 되찾는 데 실패한 월마트는 김 사장님의 상표에 대해 불사용에 의한 취소 심판을 청구하여, 결국 월마트 상표를 가져올 수 있었습니다. 이유는 이렇습니다.

김 사장님은 '월마트'를 다른 서비스업을 비롯해 '생활필수품판매점관리업'에 등록하고 있었습니다. 이에 대해 월마트는 취소 심판에서 김 사장님이 등록한 생활필수품판매점관리업은 실제 사업 영역인 슈퍼 운영업과는 다르고, 상표를 실제로 사용하지 않으므로 등록을 취소해야 한다고 주장했습니다. 이에 법원은 김 사장님이 타인 소유의 생활필수품판매점을 소유주를 대신해 관리하고 그 대가를 받는 '생활필수품판매점관리업'을 실제로 영위하지 않았다고 판단했습니다. 즉, 김 사장님이 '월마트' 상표를 가지고 판매점을 운영한 것이지 지정서비스업으로 등록된 판매점관리업을 운영한 바 없다고 판단한 것입니다. 결국 김사장님이 소유한 상표 월마트는 등록이 취소되었습니다.

이처럼 월마트는 결국 한국에서의 상표 등록에 성공했지만, 국내에 진출하고 약 1년간 자신들의 매장에 월마트란 이름을 사용하지 못했습니다. 그동안 월마트는 인수한 기업 마크로의 간판을 단 채 영업을 이어 나가야 했습니다. 당시 신세계를 비롯한 국내 기업들은 창고형 대형 할인점을 운영했는데요. 특히 신세계는 프라이스클럽(현 코스트코 홀마트)이라는 브랜드를 내세워 국내 시장을 선점했습니다. 후발 주자들이 앞다퉈 다양한 형태의 할인점을 열어 월마트는 설 자리를 잃었죠. 월마트는 상표권 분쟁으로 국내 시장 진입이 예상보다 늦춰졌습니다. 그 사이 국내 기업의 발 빠른 영업으로 국내 사업은 지지부진해졌습니다.

물론, 월마트가 국내에서 실패한 요인은 이 뿐만이 아닐 것입니다. 미국식의 삭막한 창고형 마트는 국내 수요자들에게 생각보다 매력적이지 않았습니다. 백화점과 같이 고급스러운 인테리어와 단란한 가족 분위기를 풍기는 마트가 한국 소비자들에게는 더욱 인기였죠. 접근성이 좋지 않은 변두리에 산처럼 쌓인 박스가 즐비한 창고형 마트는 당시 국내 정서를 제대로 반영하지 못했습니다. 결국 할인마트의 대부격이라 할 수 있는 미국의 월마트는 국내 진출한지 약 8년만에 이마트에 16개의 매장을 매각하고 철수하게 됩니다.

작은 슈퍼마켓을 운영하던 김 사장님이 미국의 거대 기업인 월마트를 상대로 한 상표권 분쟁은 많은 것을 시사합니다. 큰 포부를 가지고 한국 시장에 진출한 월마트는 한 개인과의 상표권 분쟁으로 적시에 사업을 진행하지 못했습니다. 월마트는 이런 일을 예상할 수 있었을까요? 월마트의 이러한 사례는 많은 기업에게 본보기가 되고 있습니다.

교훈

해외에 진출할 때에는 상표권을
가장 이른 시점에 확보하는 것이 좋다.

'이가탄' 세 글자를 위한 경쟁

명인제약과 애경그룹

≫

'잇몸 튼튼 이가탄!'. 이 문구, 다들 한번쯤 들어 보셨죠? 한때 텔레비전을 틀 때마다 중독성 있게 귀를 맴돌았던 광고 카피입니다. 소비자들의 귀에 쏙쏙 들어온 '이가탄'은 2009년, 매경 광고 금상까지 수상한 쾌거를 이루었는데요. 재치 있는 광고 및 상표 덕분에 잇몸 치료제를 떠올리면 '이가탄'이 생각날 만큼 이 문구는 유명했고, 지금도 큰 인기를 누리고 있습니다.

'이가탄'이라는 말만 들어도 왠지 이가 탄탄해질 것 같은 카피를 만든 명인제약은 설립 후 제약회사 중에서 순위권에 들만큼 성장했는데요. 이 상표가 효자 상품이라는 것을 진즉 알았던 명인제약은 1992년에 '이가탄'을 구강 소독제 분야(05류)에 상표를 출원하여 상표 등록을 받았습니다. 나아가, 1998년에는 '이가탄가글(Igatan Gargle)'을 양치액 및 치약 등(03류)에 상표를 출원하여 특허청으로부터 상표 등록을 받았습니다.

'이가탄'이 유명해지자 이 이름을 사용하고자 하는 경쟁 기업이 등장했습니다. 바로 세제, 비누 등 생활용품으로 유명한 애경그룹이 명인제약의 '이가탄'을 자사 상품에 사용하고자 한 것입니다. 2015년 4월 16일, 애경그룹은 명인제약의 '이가탄가글(Igatan Gargle)'의 상표(03류)에 대해 불사용 취소 심판을 청구하고, 바로 다음날인 2015년 4월 17일에 '이가탄(Igatan)' 상표를 치약 등 3류에 출원하였습니다. 명인제약 소유의 문구 '이가탄가글(Igatan Gargle)' 상표를 취소시키고, '이가탄'을 치약 등에 등록하여 사용하고 싶었던 것이죠.

여기서, 불사용 취소 심판은 상표권자가 상표 등록 후 3년 이상 등록 상표를 사용하지 않는 경우 제3자가 등록 상표에 대해서 등록 취소를 구하는 심판입니다. 즉, A라는 회사에서 'Z'라는 상표를 등록 받은 후 3년 이상 해당 상표를 전혀 사용하지 않았다면, B라는 경쟁회사가 'Z' 상표의 등록을 취소시킬 수 있다는 것입니다. 상표를 출원하여 상표권을 보유하고 있더라도 3년 이상 등록한 상표를 사용하지 않는다면 해당 상표가 소멸될 수 있습니다. 이 불사용 취소심판에 의해 명인제약이 보유하고 있었던 '이가탄가글(Igatan Gargle)' 상표권이 2016년에 소멸되었습니다. 명인제약이 '이가탄가글(Igatan Gargle)' 상표를 등록한 후 양치액 및 치약 등에 사용한 적이 없었던 것으로 인정된 것입니다.

나아가 애경그룹에서는 '이가탄(Igatan)' 외에도 '덴탈 클리닉 2080 잇몸탄탄 이가 탄탄', '덴탈 클리닉 2080 시림잡고이가탄탄', '덴탈 클리닉 2080 잇몸탄탄이가탄탄' 등 3개의 상표를 더 출원하였습니다. 그렇다면 애경그룹이 출원한 위 4개 상표들은 등록 받을 수 있었을까요?

가장 이름이 비슷한 '이가탄(Igatan)' 상표는 명인제약의 선등록 상표인 '이가탄가글(Igatan Gargle)' 때문에 심사관으로부터 거절이유 통지를 받습니다. 애경그룹에서는 이 거절이유에 대해서는 대응하지 않았습니다.

그렇다면 '이가 탄탄'과 함께 다른 문구를 포함시킨 애경그룹의 다른 출원 상표들은 과연 어떻게 되었을까요? 명인제약의 '이가탄 가글' 상표가 치약, 양치액 등에 대해서 소멸했으므로, 등록 받을 수 있었을까요? 결론적으로 애경그룹의 상표는 등록되지 못했습니다. 심사관은 위 상표들에 대해 출원공고 결정을 내렸으나, 명인제약이 이에 대해 바로 이의신청을 한 것입니다. 명인제약은 위 상표들('덴탈 클리닉 2080 잇몸 탄탄 이가 탄탄', '덴탈 클리닉 2080 시림잡고이가탄탄', '덴탈 클리닉 2080 잇몸탄탄이가탄탄' 등)이 자신의 잇몸 질환 치료제 제품명과 유사하며, 기존에 이미 등록한 '이가탄'이 매년 200억 원대의 매출을 유지하는 유명 브랜드인 점을 강조하였습니다.

또한, 명인제약은 애경그룹이 출원한 상표가 등록되면 일반 소비자들이 상품의 출처를 오인 내지 혼동을 일으킬 염려가 있다며 애경그룹의 상표 등록을 허용하면 안 된다고 주장했습니다. 명인제약이 느끼기에는 '이가탄'이 소비자의 긍정적인 인식을 불러일으키며 상업적 성공을 거두고 있는 시점에서 해당 문구를 포함한 상표를 다른 회사가 출원하는 것이 마땅치 않았을 겁니다. 결국, 특허청에서는 명인제약의 의견을 인정하여 위 3개 상표 모두에 대해 거절 결정을 내렸습니다. 치약 등에 대해 '이가탄'이라는 이름을 사용하는 경우 소비자들에게 그 치약 등이 명인제약 제품인지 애경그룹 제품인지 혼동을 불러일으킬 염려가 있다고 본 것입니다.

만약 명인제약이 이의신청을 하지 않았다면, 애경그룹의 이가탄탄 상표들이 등록되었을 겁니다. 그렇다면 이가탄탄 브랜드와 이가탄 브랜드는 지금도 서로 공존하고 있을 가능성이 큽니다. 이런 점을 고려한다면 상표 등록 후에 유사한 상표들을 모니터링 하여 등록을 저지하는 행위가 얼마나 중요한지 알 수 있습니다.

1950년에 설립된 애경그룹은 제주항공, AK플라자 등을 자회사로 두고 5조 원 이상의 매출을 올리는 대기업이지만, 명인 제약은 그에 못 미치는 2천억 원 정도의 매출을 올리는 중견 기업입니다. 그렇지만, 명인제약은 강력한 상표관리로 애경그룹이라는 대기업의 영역 침범을 막았습니다. 상표관리에 의해 브랜드의 운명이 달라질 수 있다는 점을 기억하시면 좋겠습니다.

교훈
상표관리는 상표권자의 브랜드를
강력한 경쟁자들로부터 지켜줄 수 있다.

TRADE MARK WARS

Part 02

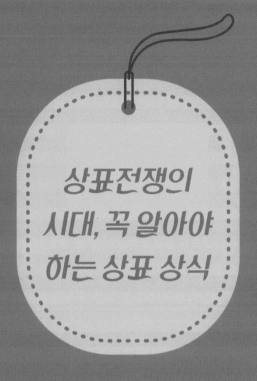

상표전쟁의
시대, 꼭 알아야
하는 상표 상식

브랜드와 상표는 무엇이 다른가요? 01

'브랜드' 하면 무엇이 떠오르시나요? 로고 혹은 회사명을 떠올리실 텐데요. 맞습니다. 스포츠 의류 및 신발을 판매하는 기업 나이키(NIKE)도, 갈고리처럼 생긴 로고 '스우시'도 모두 브랜드의 일종입니다.

브랜드는 노르웨이어인 'brandr(태우다)'에서 유래했습니다. 주인이 자신의 가축을 구별하기 위해 엉덩이에 불을 지져서 표시했던 것을 뜻합니다. 이처럼 브랜드는 소유물을 타인의 것과 구별하기 위해 시작되었고 이후 상거래가 발달하자 자신의 제품을 타인의 제품과 구별하기 위해 브랜드를 사용하기 시작했습니다.

그렇다면 브랜드와 상표는 어떤 차이가 있을까요? 먼저 브랜드는 판매되는 제품이나 서비스가 경쟁자들의 것과 다르다는 출처를 표시하는 역할을

합니다. 브랜드의 가장 중요하고 본질적인 기능입니다. 또한 제품의 품질을 보증해 소비자가 제품을 신뢰하게 하고 제품의 성격과 특징도 쉽게 전달하는 기능을 합니다. 특정 브랜드에 충성하는 고객들은 기능을 구매하기도 하지만, 브랜드 자체를 사기도 합니다. 에르메스를 사는 사람은 사회적 지위의 표현과 자기 만족을 위해, 할리 데이비슨을 타는 사람은 소속감을 느끼기 위해, 애플을 쓰는 사람은 디자인과 시대를 앞서가는 이미지 때문에 해당 브랜드를 사용할 수도 있는 것입니다.

상표등록은 제품이나 서비스의 출처를 식별하는 기호, 단호, 슬로건, 디자인, 색상 또는 로고를 상표로서 출원하여 등록 받은 경우입니다. 상표는 애플처럼 회사를 나타내거나 아이폰처럼 회사가 생산하는 제품이나 서비스를 표현할 수도 있습니다. 아이폰의 페이스타임과 같이 제품 또는 서비스의 기능 그 자체를 뜻하기도 합니다. 또 현대의 제네시스처럼 특정 회사가 가진 서브 브랜드일 수도 있습니다. 상표는 등록이 승인되면 10년의 보호가 부여됩니다. 지식재산권 중 유일하게 계속해서 연장하여 영구적으로 소유할 수도 있습니다.

간단히 말씀드리면, 브랜드는 상표와 유사하지만 조금 더 넓은 개념입니다. 브랜드는 하나 또는 여러 개의 상표에 의해 보호되므로, 상표등록은 브랜드를 담는 그릇을 만드는 일에 비유할 수 있습니다. 그러므로 상표등록이 브랜드의 가치를 지키는 가장 중요한 수단이라고 말씀드리고 싶습니다.

상표 등록이 그렇게 중요한가요?

02

브랜드를 지키기 위해 가장 중요한 작업이 상표 등록입니다. 이 가장 중요한 작업을 중소기업들이나 자영업 운영자들은 종종 간과합니다.

그러나 상표를 등록하지 않는다면 다양한 문제가 발생합니다. 첫째로, 브랜드를 창시한 사람이라도 그 브랜드에 대한 상표를 나중에는 등록 받을 수 없습니다. 우리나라에서 상표법은 선출원주의(먼저 출원한 자에게 권리를 주는 제도)를 취하고 있습니다. 상표는 먼저 쓰는 사람이 아니라 먼저 출원한 사람에게 권리가 주어집니다. 상표를 먼저 신청한 자에게 상표권이 주어지는 선착순 싸움이죠. 브랜드를 만든 사람이 상표를 가질 수 없다는 것이 불공평하다고 생각할 수도 있습니다. 그러나 상표는 창작의 대가가 아닌 선택의 문제입니다.

그래서 선출원주의를 취하고 있는 한국에서는 상표를 먼저 출원한 사람이 유리합니다. 심지어 상표를 최초로 사용한 사람이 있더라도 권리는 처음 출원한 사람에게 갑니다. 선출원주의에 따르면, 상표를 먼저 사용한 사람이라도 다른 사람이 그 상표를 먼저 출원했다면 상표를 등록 받지 못하는 경우가 많습니다. 2012년, 애플은 중국에서 'iPad' 상표를 뒤늦게 출원해 먼저 상표를 등록한 회사에게 약 6천만 불을 지불하여 상표권을 사와야 했습니다.

두 번째로, 유사 상표나 모방 경쟁사가 생길 우려가 있습니다. 브랜드가 유명해지면 모방하려는 자들이 있기 마련입니다. 등록상표와 유사한 브랜드나 유사 상표를 타인이 사용하는 것을 발견하면 반드시 초기 대응을 확실히 해야 합니다. 등록 상표를 이용한 경고장 등을 보내 유사 상표를 사용하는 것을 차단해야 합니다. 그러나 등록 상표가 없다면 타인에게 상표 사용을 금지할 방법을 찾기 어렵습니다. 맥주 프랜차이즈로 유명해진 봉구비어는 한국에서 상표 출원이 늦어져 봉쥬비어 등 유사한 상표들이 등록되는 것을 막지 못했습니다.

이 과정에서 봉구비어의 브랜드 가치는 큰 손해를 보았습니다. 봉구비어가 분쟁 비용으로 심판 소송 등에 지출한 돈도 적지 않습니다. 상표 분쟁으로 처음부터 상표를 출원하고 제대로 등록했을 때 발생했을 비용의 수십 배가 지출되었을 겁니다.

세 번째로, 브랜드를 타인에게 빼앗길 수 있습니다. 이렇게 될 경우 자신이 만든 브랜드를 아예 사용하지 못할 수도 있는데요. 상표 등록을 하지 않은 채 브랜드를 사용하면 타인이 먼저 등록한 상표에 의해 사용을 금지당할 수도 있습니다.

고봉김밥의 예를 들어보겠습니다. 부산에서 고봉김밥으로 시작한 이 브랜드는 수백 개의 가맹점을 냈지만, 가맹점주 중 먼저 '古捧(고봉)'을 상표로 등록한 사람에 의해 '고봉민김밥人'으로 브랜드 명을 바꿔야만 했습니다. 그리고 고봉김밥은 이 분쟁으로 모든 가맹점의 간판과 인테리어를 바꿀 수밖에 없었습니다.

이런 문제는 브랜드가 해외로 진출한 경우에 자주 발생합니다. 한국에 상표를 등록했다고 하더라도 해외 진출을 목표로 삼는 국가에 상표를 미리 신청해야 합니다. 이전에 상표의 속지주의를 언급했죠? 상표권은 국가마다 별개로 존재한다는 내용입니다. 그런데 출원 시기를 놓쳐 외국에서 제3자나 상표 브로커가 상표를 선점하는 경우가 적지 않습니다.

상표 브로커가 활개를 치는 중국에서는 한국 기업의 상표를 전문적으로 팔고 있는 온라인 쇼핑몰도 등장했습니다. 중국에서 유명한 상표 브로커 김광춘은 심지어 한국 상표 쇼핑몰을 운영하고 있는데요. 자신이 선점한 한국 기업의 상표를 최소 500만 원에서 수천만 원 이상의 비용을 받고 되팔아 이득을 챙깁니다.

네 번째로, 상표 등록을 하지 않으면 상표 분쟁이 일어날 위험이 있습니다. 국내 상표법상 상표권자는 자신의 상표를 독점적으로 사용할 권리를 가집니다. 그러므로 자신이 사용하는 등록 상표가 타인의 등록상표와 유사하다는 주장을 받더라도 상대방의 침해 주장을 방어할 수 있다는 의미입니다. 반면 자신의 등록 상표가 존재하지 않는 상태에서 다른 사람의 상표와 비슷한 상표를 사용하면 상대방의 침해 주장에 대처가 어려워집니다. 이 경우 상표 분쟁 사건으로 번질 위험이 있습니다.

마지막으로 상표 미등록시 도메인도 문제될 수 있습니다. 차선도색협회가 네이버 라인에게 도메인 'line.co.kr'을 뺏길 뻔한 사건은 유명합니다. 2015년에 있었던 일로, 네이버는 라인 도메인의 원소유자인 차선도색협회를 상대로 인터넷주소분쟁조정위원회에 도메인을 말소하라고 분쟁을 걸어 말소 결정을 이끌어냈습니다.

이렇듯 상표 등록을 하지 않으면 일어나는 일들은 사업에 상당히 위협적입니다. 상표등록은 브랜드를 보호하기 위한 시작이자 그릇을 만드는 역할입니다. 그러나 상표 등록의 중요성을 간과한 채 마케팅부터 시작하는 사업주가 많습니다. 마케팅은 브랜드를 알리는 행동인데, 그 브랜드를 등록하지도 않은 상황에서 마케팅에 돈을 쓰는 것은 위험합니다. 그릇을 먼저 만들고 그 다음에 내용물을 부어야 합니다. 마케팅보다 중요한 것은 상표를 출원하여 등록 받는 것입니다. 브랜드의 보호의 첫 단계는 상표 등록입니다.

유명상표는 상표등록을 하지 않아도 될까요?

가끔 자신의 상표가 자신의 것임을 남들이 다 안다고 주장하며 상표 출원이 필요하지 않다고 말하는 사람도 있습니다. 과연 이미 유명한 상표는 따로 등록을 받지 않아도 될까요?

10년 이상 유통분야에서 영업을 하여 유통분야에서 유명한 상표를 가지고 있던 '○○○'이라는 회사가 있었습니다. 그런데 그 회사의 이름을 사용하여 몰래 한글과 영문 각각으로 2건의 상표를 출원한 사람이 있었습니다. 그 사람은 그 회사와 동일한 업종에 있었던 사람이었습니다. 이 상표는 심사를 무사히 통과하여 출원 공고 되었으나, 출원공고 단계에서 위 회사에게 발견되었습니다.

이에 저희는 위 회사로부터 의뢰를 받아 2건의 상표 각각에 대한 이의신청을 제기하면서, 새로운 상표를 출원하였습니다. 그간의 상표 사용 실적과 광고량 수상 실적 등을 제출한 결과, 상표의 주지성이 인정되어 2건의 이의신청이 모두 인정되어 2건의 도용상표는 모두 거절되었습니다. 그리고 새로 출원한 상표들은 모두 등록되었습니다. 심사를 통과한 모방 상표를 등록되기 전에 발견하여 잘 방어한 긍정적인 사례입니다. 다만, 위 회사는 원래 출원비용보다 훨씬 많은 비용을 이의신청과 신규출원 등에 사용해야만 했습니다.

유명한 상표라도 삼성이나 애플처럼 아주 저명한 상표가 아니라면, 심사관이 심사 단계에서 상표의 주지성을 파악하기가 쉽지 않습니다. 그래서 모방상표가 발견된 경우 심사 단계라면 정보 제공을, 출원 공고 후 등록 전이라면 이의 신청을 제출해 등록을 거절해 달라는 요청을 해야 합니다.

다만, 타인의 상표를 계속 모니터링 하는 것은 상표 출원보다도 오히려 어려운 일입니다. 만약 모니터링에서 상표를 발견하지 못하고 등록이 된 후 발견한다면 무효심판을 청구해야 합니다. 유명한 상표라도 먼저 출원해서 등록 받을 필요가 있는 이유입니다.

상호 등록을 했는데 상표 등록이 또 필요한가요? 03

상호 등록을 했으니 상표 등록을 안 해도 된다고 생각하는 사업주들이 종종 계십니다. 그러나 상호 등록과 상표 등록은 다르다는 것을 알아야 합니다.

상표는 자기의 상품을 타인의 상품과 식별되도록 하기 위해 사용하는 '물적 표지'를, 상호는 상인이 영업상 자기를 나타내기 위하여 사용하는 '인적 표지'를 의미합니다. 즉, 상호는 업을 하는 자신에 대한 식별표지이고, 상표는 자신이 파는 물건이나 서비스에 대한 식별표지입니다. 예를 들어, A라는 화장품 회사에서 B라는 명칭의 화장품 라인을 제조하여 판매하는 경우, A는 상호에 해당하고, B는 하나의 상표(브랜드)에 해당합니다.

이처럼 상호와 상표는 별개의 개념이지만, 상호 그 자체도 충분히 상표로서 출원하여 등록 받을 수 있습니다. A라는 회사 명칭도 상표로서 출원이 가능하다는 것입니다. 하나의 식별 표지에 대해 상호 또는 상표로 중첩적으로 보호 받는 이유에 대해서 살펴보기 위해, 상호와 상표를 좀 더 깊게 비교해 보겠습니다.

상표는 상품을 생산, 가공 또는 판매하는 사람이 업무와 관련한 상품을 타인의 상품과 식별되도록 사용하는 표장입니다. 이 표장에는 기호, 문자, 색채, 소리, 냄새 등 비시각적인 요소들도 모두 포함됩니다. 반면 상호는 상인이 영업 상 일체의 법률 관계를 자신에게 귀속시키기 위해 사용하는 명칭입니다. 상호는 발음할 수 있는 문자로만 표시되어야 한다는 점에서 상표와 차이가 있습니다.

이 두 개념은 등록방법과 보호의 범위도 다릅니다. 상호는 상표와 달리 등록이 아닌 등기입니다. 상호를 가지려면 등기소나 지방법원에 상호등기 신청서를 제출해야 합니다. 상호등기를 하면 동일한 지역에서 동일 업종에 한해 법적 효력이 발생합니다. 그러나 상표는 등록 후 보호 받는 범위가 전국입니다. 또한 상호는 비교적 신청 절차가 간편하지만, 상표는 출원, 심사, 등록료 납부라는 까다로운 절차를 거칩니다. 즉, 세 단계의 절차를 통과해야만 상표를 보호할 법적 효력이 발생하죠. 대신 상표를 한 번만 등록하면 특정 지역을 넘어 전국 어디서나 유사한 업종으로 동일하거나 유사한 상표를 쓰지 못하게 하는 독점권을 가집니다. 보호 기간도 상표는 설정 등록일로부터 10년간 존속되며, 갱신 시 이어서 사용이 가능합니다. 상호는 해당 상호를 계속 사용하고 있는 한 시간적 제약은 존재하지 않는다는 점에서 다릅니다.

끝으로 상호와 상표를 보호하는 법률에도 차이가 있습니다. 상호는 상법에 의해 권리가 보호됩니다. 관할 지역 내에서 동종 영업에 대해 동일한 상호의 사용을 발견한 경우 상호를 가진 자가 상호전용권을 활용해 상호 사용 폐지청구권 또는 손해배상 청구권을 제기할 수 있습니다. 상표는 상표법에 의해 권리가 보호됩니다. 누군가 이미 등록된 상표권과 동일 또는 유사한 상표를 사용하는 경우 상표권자는 민사상 손해배상청구, 침해금지청구, 형사상 책임을 물을 수 있습니다.

이처럼 상표와 상호는 전혀 다른 별개의 제도입니다. 통상적으로 상호 등기 사실만으로는 상표권에 대항하기가 쉽지 않습니다. 즉, 상표 등록 없이 상호를 사용하면 언제든지 상표 분쟁이 발생할 수 있습니다. 안전한 사업을 위해서는 반드시 상표를 등록해야 합니다. 상호는 먼저 사용했더라도 상표 등록이 되어 있지 않으면, 추후에 상표를 등록한 자에게 상호의 사용을 제제당할 수도 있기 때문입니다. 특히, 상호를 도안화하거나, 색채를 입히거나, 로고를 결합하는 경우 상호로서의 사용 범위를 넘어가므로 주의해야 합니다.

상표권, 특허권, 디자인권, 저작권의 구별

상표권, 특허권, 디자인권, 저작권 및 라이센스는 지식 재산권(IP, Intellectual Property)의 다른 형태입니다. 이 단어의 미묘한 차이를 이해하기 위해 지식 재산권에 해당하는 각 형태의 정의를 살펴보겠습니다.

상표권

상표 등록은 제품이나 서비스의 출처를 식별하는 기호, 단호, 슬로건, 디자인, 색상 또는 로고를 상표로서 출원하여 등록 받은 경우입니다. 상표는 애플처럼 회사를 나타내거나 아이폰처럼 회사가 생산하는 제품이나 서비스를 표현할 수도 있습니다. 페이스타임과 같이 제품 또는 서비스의 기능 그 자체를 뜻하기도 하죠. 현대의 제네시스처럼 특정 회사가 가진 서브 브랜드일 수도 있는데요. 상표는 등록이 승인되면 10년의 보호가 부여됩니다. 지식재산권 중 유일하게 계속해서 연장하여 영구적으로 소유할 수도 있습니다. 상표는 브랜드를 보호하는 가장 중요한 수단입니다.

특허권 / 실용신안권

특허는 발명가가 만든 발명에 대한 권리를 보호하는데요. 발명가가 자신이 만든 발명을 세상에 공개하는 대가로 국가는 그 발명을 독점할 권리를 일정기간 주는데, 이것이 특허입니다. 발명가가 자신의 발명에 대해 특허를 받으면 다른 사람이 그 발명품을 제작하거나 사용하여 판매할 수 없습니다. 발명에 대해 특허를 받으면 해당 발명에 대해 20년간의 독점권을 부여받습니다.

특허와 비슷한 형태로 실용신안이 있는데요. 특허는 기존의 발명과 비교해 통상의 기술자가 용이하게 발명할 수 없음을 요구하는데, 실용신안은 극히 용이하게 발명할 수 없을 것을 요구합니다. 발명이 얼마나 용이한지 그 정도로 판단하는 것이죠. 따라서 발명의 난이도가 낮은 경우 실용신안으로 출원해야 등록될 가능성이 높습니다. 특히 과거에는 실용신안의 실질적 요건에 대해 심사하지 않고 등록을 허락하여 많이 활용되었는데요. 지금은 실용신안도 심사 제도로 변경되어 실용신안 이용이 많이 저조해졌습니다.

디자인권

디자인권은 제품의 외형을 보호하는 권리입니다. 특허가 기능성을 보호한다면, 디자인권은 심미성을 보호하죠. 종종 뉴스에 디자인 특허라는 표현이 등장하는데, 이는 미국의 'Design Patent'를 그대로 번역한 것입니다. 우리말로는 디자인권이라 번역할 수 있겠네요. 과거 애플이 삼성과의 특허 소송에서 스마트폰의 '둥근 모서리' 디자인 특허를 내세워 삼성을 공격했습니다. 이때 둥근 모서리가 무슨 특허의 대상이 될 수 있냐는 의견이 많았습니다. 이는 용어의 차이에서 온 오해입니다. 사실 미국의 '디자인 특허'는 우리 법에서 '디자인권'에 해당합니다. 그래서 심미성을 가진 스마트폰의 둥근 모서리 디자인은 미국에서는 디자인 특허로 등록 받을 수 있었습니다.

저작권

저작권은 저작자의 권리를 보호하며, 모든 창작물은 저작권법의 보호를 받습니다. 저작권으로 보호되는 저작물에는 예술 작품을 포함해 컴퓨터 프로그램, 웹사이트 디자인, 건축 도면 및 제품 설명서와 같은 비즈니스 산출물도 해당됩니다.

저작권은 저작물이 창작된 시점에서 바로 효력을 가집니다. 앞에 설명한 등록을 요하는 특허권, 상표권, 디자인권 등과 다른 점입니다. 작품을 보호할 저작자의 권리는 사후 70년까지 유지되는데요. 저작권은 저작권 위원회에 등록할 수 있는데, 등록이 필수는 아니지만 추후에 생길 갈등을 방지하려면 권장하는 사항입니다. 저작권 등록을 해 두면 등록한 연월일에 저작물을 창작, 공표한 것으로 추정을 받습니다. 그러므로 저작권에 기초하여 권리행사를 할 때에는 저작권 등록을 하는 것이 권리를 명확히 하는 데 도움이 됩니다.

라이센스

라이센스란 지식재산권을 소유하고 제공하는 라이센서가 라이센스를 원하는 라이센시에게 지식재산권의 사용을 허락하는 계약입니다. 단 한 명의 사용자가 라이선스를 쓰는 독점권의 형태와 여러 사용자가 라이센스를 사용하는 비독점권의 형태가 있습니다. 라이센스 사용자는 지식재산권을 사용하는 권리를 대가로 라이센스 제공자에게 사용료를 지불하는데, 이를 로열티라고 합니다.

여기서 주목할 점은 하나의 제품에 여러 개의 지식 재산권이 공존할 수 있다는 것입니다. 지식 재산권을 잘 활용하는 기업은 하나의 제품을 다양한 지식 재산권으로 보호합니다. 현대자동차의 그랜저는 그 명칭에 대한 상표와, 엔진기술 혹은 HUD에 대한 복수 개의 특허, 전체적인 자동차 외형 등에 관한 복수개의 디자인권을 가집니다. 다른 사례로 질레트는 상표권과 함께 특정 제품이 가진 면도기의 날의 개수, 날의 각도, 면도기 헤드, 손잡이 등에 모두 특허를 취득하고 있는데요, 외형에 대해서도 디자인권을 취득하여 제3자의 모방을 원천적으로 배제했습니다.

새로운 아이템을 개발해 사업을 하려는 사람은 지식 재산권에 관한 기본 사항을 잘 숙지해야 합니다. 신제품이 지식재산권에 의해 보호 받을 수 있도록 준비해야 사업에서 중요한 가치를 지니고 있는 브랜드, 디자인, 기술 등을 보호할 수 있습니다.

마크(®, TM) 함부로 사용하지 말아야 하는 이유

상품에 R마크와 TM마크가 표시되는 것을 많이들 보셨을 거에요. 이렇게 익숙한 R 마크와 TM마크, 과연 의미와 효력은 어떻게 될까요?

R마크는 Registered Trademark의 약자로 말 그대로 등록이 완료된 상표라는 뜻 입니다. 여기서 '등록'이란 것은 국가로 부터 법에 근거하여 상표권을 등록한 것을 의미합니다. 따라서 R마크는 특허청으로부터 상표 등록을 받았을 때에만 사용할 수 있습니다.

그러면 상표를 '출원'한 상태에서 R마크를 사용해도 될까요? 정답은 '사용하면 안 된다'입니다. '상표를 출원한다 = 상표를 신청한다'이기 때문입니다. 따라서 R마크 는 상표가 '등록되었을 때'에만 사용이 가능하므로, 상표를 단순히 출원했을 때에 는 R마크를 사용할 수 없습니다.

만약 상표를 등록하지 않은 상태에서 R마크를 사용하면 어떻게 될까요? 법적 처 벌을 받게 됩니다. 상표법 제 95조에 의거하여 3년이하의 징역 또는 2천만 원 이 하의 벌금형에 처하게 됩니다. 그러니 R마크를 사용할 때에는 반드시 상표권이 등 록되었는지 확인하셔야 합니다. 단 등록된 모든 상표에 R마크를 표기할 필요가 있 는 것은 아닙니다. R마크의 여부와 상관없이 등록된 상표는 상표법에 의해서 보호 를 받게 됩니다.

한편, TM마크는 Trademark의 약자로 상표 출원 또는 상표 등록과는 무관하게 사용 할 수 있습니다. 해당 문자나 로고를 자신들이 상표로서 사용하고 있다는 표시입니다.

이런 표시를 왜 만들었는지 궁금하시지 않나요? TM마크는 미국에서 유래된 표시방 법입니다. 우리나라는 선출원주의를 선택하고있습니다. 즉 해당 상표를 사용한 것과 무관하게 '출원'을 먼저 한 사람에게 우선권이 돌아갑니다. 그러므로 우리나라에서는 상표를 사용 중이라는 것은 큰 의미가 없으며, 오히려 상표를 출원 중이라는 것을 표기하는 것이 의미가 있습니다.

하지만 미국을 비롯한 '사용주의'를 택한 나라는 출원보다 실제로 시장에서 사용하고 있는 사실이 더 중요합니다. 이때 근거로 사용될 수 있는 것이 TM마크입니다.

다이소(Daiso)는 저렴한 가격과 다양한 상품으로 소비자들에게 꾸준히 사랑받아 왔습니다. 2018년에는 결국 연매출 1조 6,500억 원을 달성해 공룡 기업이 되었습니다. 다이소가 승승장구하고 있던 2012년, A씨는 아래와 같은 다사소(Dasaso)라는 생활용품 판매점을 용인시에 열었습니다. 심지어, A씨는 다사소를 상표로 출원까지 하였습니다.

이 출원이 공고되었다는 소식을 들은 다이소는 이의신청을 했습니다. 결국 상표 다사소는 출원이 거절되었습니다. 그러나 상표 출원과는 별개로 A씨는 다사소라는 상표를 계속하여 사용했고, 이에 다이소는 A씨에게 상표 침해금지청구를 하였습니다. 대법원까지 올라간 소송 끝에 결국 다이소는 상표 분쟁에서 승리했습니다. 2015년에 내려진 대법원의 판결은 다음과 같았습니다.

'이 사건 등록서비스표인 다이소(DAISO)의 주지성을 고려할 때, 피고들의 서비스표 다사소(DASASO)는 차이가 나는 중감 음절이 부각되지 않은 채 첫째 음절과 셋째 음절만으로도 일반 수요자에게 등록서비스표를 연상시킬 수 있는 점, 등록서비스표와 피고의 서비스표가 사용된 서비스업이 생활용품 등으로 판매점이 일치하고, 취급하는 상품의 품목과 전시 및 판매 방식 등까지 흡사하여 일반 수요자가 양자를 혼동할 가능성이 더욱 높아지는 점 등에 비추어 일반 수요자에게 서비스업의 출처에 대하여 오인 혼동할 염려가 있어 유사상표를 동일한 서비스업에 사용한 행위에 해당하므로 침해가 성립한다.'

결국, 대법원은 다이소와 다사소는 외관, 칭호, 관념 등이 유사하므로 일반 수요자에게 출처의 혼동 우려가 있어 침해가 성립한다고 판결했습니다. 첫음절과 끝음절이 동일하고, 유사한 청감을 주며, 유사한 영업활동을 하고 있다는 것을 고려한 것으로 보입니다. 문자상표의 유사를 판단할 경우 첫음절의 호칭을 특별히 고려하는 편입니다.

위 판결은 등록 상표와 유사한 상표(서비스표)를 유사한 업종에 사용하면 안된다는 전형적인 판결에 해당합니다. 후발주자의 입장에서는 물론 유명 상표가 연상되는 상표를 사용하여 인지도를 잠시 올릴 수는 있겠지만, 결론적으로는 상표권을 침해하여 벌금을 물었으니 손해일 것입니다. 따라서, 장기적으로 보면 처음부터 독창적인 상표를 선정하는 것이 옳습니다.

위 분쟁으로 인해 추가적으로 다이소는 다사소에 대해서도 2017년에 상표를 등록 받았습니다. 이는 논란을 잠식하고, 원래 상표인 다이소를 더 보호하기 위해서 유사 상표 역시 등록 받은 것으로 보입니다. 이 사례를 통해 상표권의 효력이 유사한 범위까지 미친다는 것을 알 수 있습니다. 등록된 상표와 동일한 상표뿐만 아니라 유사한 상표까지 사용하면 분쟁이 일어날 위험 요소가 따릅니다.

상표의 유사 판단은 상표권의 발생, 보호 범위, 침해 및 소멸 등 상표법의 전 규정을 관통하는 중심 개념 중 하나입니다. 즉, 상표가 유사한지 아닌지를 판단할 수 있어야 상표등록을 받을 수 있을지, 그리고 상표분쟁에서 침해인지 아닌지를 알 수 있습니다. 이와 관련해서는 표장의 유사, 그리고 상품의 유사 개념을 이해하셔야 합니다.

표장의 유사

상표의 유사판단에 있어서는 경우에 따라 혹은 판단하는 주체에 따라 주관적 의견이 개입되어 전혀 다른 결과를 나올 수 있습니다. 상표법, 판례 및 심사 기준은 이에 대한 가이드 라인을 제시하고 있습니다.

1) 동일한 상표

동일한 상표란 완전히 동일하다라는 의미의 물리적 동일뿐만 아니라 거래 사회 통념 상의 동일을 의미하기도 합니다. 물리적으로 완전히 동일하지 않아도 수요자에게 동일한 상표로 인식될 수 있을 정도로 이해하면 되겠습니다. 단순히 상표 자체를 확대, 축소한 것뿐만 아니라 글씨체를 약간 변형하여 사용하는 것도 동일한 상표로 판단됩니다. 예를 들어, 등록 상표 **K2**의 글씨체를 약간 변형하여 **K2, K2,** K2 와 같이 사용하는 경우도 동일상표의 사용으로 봅니다.

2) 유사한 상표

상표가 유사하다라고 하기 위해서는 두 개의 대비되는 상표가 동일한 것은 아니지만 외관, 칭호, 관념 중 어느 한 가지 이상이 비슷하게 보이는 것을 의미합니다. 이로 인해 수요자가 상품의 출처에 대한 오인, 혼동을 일으킬 우려가 있는 경우를 가리킵니다.

문자 상표의 경우, 광고 매체의 광범위한 보급에 따라 호칭이 가장 중요한 판단 기준이 됩니다. 특히 짧은 음절로 구성된 문자 상표는 첫음절의 칭호가 비중이 가장 크다고 할 수 있습니다. 수요자들에게 강하게 인식되고 발음되는 부분이 첫 음절이기 때문입니다. 또한, 외국 문자 상표의 경우 일반적으로 발음되는 칭호를 기준으로 유사판단을합니다. 다음과 같은 사례는 칭호가 유사한 표장의 예시입니다.

칭호가 유사한 표장의 예시(특허청 심사기준)

①INTERCEPTOR ≒ 인터셉트	②REVILLON ≒ REVLON
③LYSOTAN ≒ 로소탄(LOSTAN)	④千年 ≒ 天然
⑤TVC ≒ TBC	⑥마르샤 ≒ 마르셀
⑦EVOL ≒ EPOL	⑧TOBY ≒ TOPY
⑨DANYL ≒ DAONIL	⑩Leeman ≒ Riman
⑪PAPASHELIN ≒ DAONILPAPAPHYLLIN	⑫CHROMATRON ≒ CHROMATONE
⑬SAFUNEN ≒ SAFUNENSO	⑭ADEFLON ≒ ADOPRON

도형(그림이나 로고 등)상표의 경우에는 그 외관이 수요자들에게 가장 주목을 끄는 부분이므로 호칭 및 관념에 비해 상대적으로 중요한 기준이 됩니다. 특히, 시각적 영상 매체(홈쇼핑, 인터넷 온라인 매장)를 통해 광고 및 상품 판매가 활발히 이루어지는 최근에는 칭호의 유사 여부 못지않게 외관이 얼마나 유사한지가 중요하게 여겨집니다. 다음의 사례는 외관이 유사한 표장의 예시입니다.

외관이 유사한 표장의 예시(특허청 심사 기준)

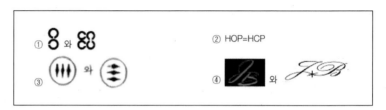

문자상표와 도형상표는 모두 관념, 즉 지각적 요인의 유사를 고려하는데 일반적으로 누군가 만든 단어, 즉 조어의 경우 특정 관념이 있다고 할 수 없으므로 관념은 대비 대상이 되지 않고 외관이나 칭호를 중심으로 유사 여부를 판단합니다. 다음은 관념이 유사한 상표에 해당하는 사례입니다.

관념이 유사한 표장의 예시(특허청 심사기준)

따라서, 상표의 유사를 판단하기 위해서는 일단 해당 상표가 문자 상표인지, 도형 상표인지, 또는 도형과 문자가 결합된 상표인지를 먼저 따져야 합니다. 그 후 상표 유형에 따라 외관, 호칭, 관념을 중심으로 유사한지 여부를 구체적으로 판단해보면 감이 옵니다. 이를 통해 분쟁의 결과를 상당히 정확하게 맞출 수도 있습니다. 그렇지만 최종적인 판단은 특허청이나 특허심판원 그리고 법원이 하게 됩니다.

상품의 유사

표장이 유사하다고 무조건 유사한 상표로 판정되는 것은 아닙니다. 사용되는 상품까지 비슷해야 상표가 유사하다고 판정합니다. 예를 들어, 누군가 전자밥솥이라는 지정상품에 상표 '코끼리'를 등록하고 사용하고 있다고 가정해봅시다. 그런데 누군가 코끼리라는 상표를 전자밥솥이 아닌 비료에 대해 사용한다면 수요자들이 출처를 혼동할까요? 코끼리 밥솥과 코끼리 비료가 시장에 공존하고 있는 경우입니다. 이런 경우 수요자들은 두 상품이 전혀 다른 분류에 속해 있기 때문에 상표가 동일하더라도 동일 출처의 상품으로 볼 가능성이 매우 낮을 것입니다. 그래서 등록 상표가 존재하는 경우에도 그 등록 상표의 지정상품과 관련없는 상품에 대해서 등록 상표를 사용하는 행위는 상표의 권리 범위 밖에 있다고 하며, 침해도 성립하지 않습니다. 이처럼 상품의 유사 여부는 상표의 권리 범위, 침해 여부 등을 따질 때에 매우 중요한 개념입니다.

상품이 동일한지를 따질 때 반드시 물리적, 화학적으로 동일할 필요는 없습니다. 사회 통념상 수요자가 평균적으로 인식하는 상황에 따라 동일하다고 판단되는 것을 의미합니다. 즉, 상품이 완벽하게 동일하지 않아도 수요자들이 동일하다고 생각하는 상품이라면 동일한 상품에 해당됩니다. 이때 상품이 동일한지 판단하는 기준은 명칭 자체를 포함하여 상품의 구성, 형상, 용도 또는 거래 실정까지 적용됩니다.

한편, 상표의 유사성과 마찬가지로 상품의 유사성을 판단하는 기준 역시 그 가이드 라인이 상표법, 심사 기준, 판례 등에 따라 제시되고 있습니다. 여기서 말하는 상품의 유사성이란 무엇인지 살펴보겠습니다.

판례에 따르면, 상품의 유사란 두 개의 대비되는 상품을 놓고 봤을 때 동일한 상품이라고 할 수는 없지만 동일한 상표를 양 상품에 부착하여 사용할 경우 수요자들이 상품의 출처를 오인하거나 혼동할 여지가 있는 것을 말합니다.

좀 더 쉽게 설명드리면, 바디로션에는 "Oliveyoung"이라는 상표를, 선크림에는 "Oliveyoung🍃"이라는 상표를 사용하여 판매한다고 가정해봅시다. 이때 수요자들은 바디로션과 선크림의 출처가 각각 다르지만 동일 출처로 인식할 가능성이 매우 높습니다. 바디로션과 선크림은 통상 화장품 회사에서 같이 제조 및 판매하는 품목이기 때문입니다. 반면, 바디로션에는 "Oliveyoung"이라는 상표를, 텔레비전에 "Oliveyoung🍃"을 사용한다면 수요자들은 양 상표의 출처가 동일인이라고 인식할 가능성은 거의 없을 것입니다. 바디로션과 텔레비전은 상품의 견련성이 없기 때문입니다.

다만 이렇게 매번 상품의 유사를 판단한다면, 양 상품이 유사한지 여부를 빠르게 판단하기 어렵습니다. 그리하여, 특허청은 신속하고 명확한 심사 처리를 위해 상품을 각 종류별로 분류한 후 상품 간 유사한 코드로 묶어 동일 및 유사 여부를 판단하고 있습니다. 즉 같은 유사군 코드를 가진다면, 유사한 상품으로 보고 있다는 의미입니다.

상품은 기능 또는 용도에 따라 총 1류부터 45류까지 분류됩니다. 그리고 특정 류에 속한 상품들은 세부적으로 다시 유사군 코드로 분류됩니다. 유사군 코드는 상품은 G로, 서비스업은 S로 구분하고, 그 뒤에 일련번호로 세분화됩니다. 예를 들어, 비누의 경우 비의료용 화장품으로 제3류에 해당하고, 유사군 코드는 G1201로 분류됩니다. 비누와 같은 유사한 코드에 속하는 상품은 스킨, 로션, 바디샴푸, 바디오일, 메이크업용 화장품 등으로 모두 동일한 유사군 코드를 가집니다

상품/서비스업	상품류	유사군 코드
비누	3류	G1201
스킨	3류	G1201
로션	3류	G1201
바디샴푸	3류	G1201
원격 교육업	41류	S120903
가정방문을 통한 학습지 제공 교육업	41류	S120903

서비스의 유사 여부를 판단할 때에도 비슷한 기준을 적용합니다. 즉, 유사군 코드를 참고하되 제공되는 서비스의 성질이나 내용, 제공 방법과 제공 장소, 서비스의 제공자, 수요자의 범위 및 서비스 제공에 관련된 물품이 일치하는지 여부 등 거래 실정을 종합적으로 고려하여 판단합니다. '원격 교육업'과 '가정 방문을 통한 학습지 제공 교육업'은 모두 같은 교육업에 속합니다. 즉, 이 두 업종은 제41류에 해당하며 유사군 코드 역시 S120903으로 동일하여 유사한 서비스업으로 봅니다.

따라서, 유사군 코드 기준으로 상품의 유사성을 확인하면 자신이 출원하는 상품의 유사여부에 대한 특허청의 판단을 쉽게 추측할 수 있습니다. 동일한 유사군 코드를 갖는 유사한 상표가 존재하지 않는다면 상표 등록이 될 가능성이 높은 것입니다. 또한, 특허청에 고시된 상품명으로 출원하시는 것이 추후 상품 불명확에 관한 거절 이유가 나오는 것을 사전에 방지할 수 있어 상품류 별 고시 목록은 여러모로 유용합니다.

상품과 서비스업의 유사(동종성)

상품 간, 서비스업 간 유사여부를 판단하는 방법은 앞서 설명드렸습니다. 그렇다면 상품과 서비스업 간은 어떨까요? 상품은 유형의 개념이고, 서비스는 무형의 개념이기 때문에 같은 맥락에서 비교하기 어려워 일률적으로 비유사하다고 볼까요? 그렇지 않습니다. 예를 들어, 신발에 대해 A라는 상표가 등록된 경우에, 다른 사람이 신발 도매업에 A라는 상표를 등록하거나 사용할 수 있는지에 대한 문제입니다.

판례는 이런 경우 동종성(유사성)이라는 새로운 개념을 도입하여 유사 여부를 판단합니다. 동종성이란 해당 상품이 없으면 해당 서비스가 존재하지 않는 만큼 극히 밀접한 관계가 있는 경우를 말합니다. "렌터카업"이라는 서비스를 제공하기 위한 자동차, "악기대여업"을 영위하기 위한 "악기" 등은 상품과 서비스업간 극히 밀접한 관계가 있는 경우로 서로 동종성이 있다고 할 수 있습니다.

동종성을 좀 더 구체적으로 판단하기 위해서는 일단 상품의 제조 및 판매, 그리고 서비스 제공이 동일 사업자에 의해 이루어지는지 봅니다. 상품과 서비스의 용도가 일치하는지, 상품의 판매 장소와 서비스의 제공 장소가 일치하는지, 수요자의 범위가 일치하는지도 고려합니다. 이러한 모든 사정을 고려하여 거래 사회의 통념에 따라 판단합니다.

과거 판례는 '식당체인업, 한식점경영업' 등의 지정서비스업에 등록된 '본죽' 상표를 제3자가 '죽 용기 포장용 쇼핑백, 죽 용기, 젓가락, 냅킨'에 무단 사용한 경우 법원은 식당업과 죽용기 등의 동종성을 인정하여 등록 상표권의 권리 범위 내의 사용으로 보았습니다. 그 밖에 판례는 '중추신경계용 약제'와 '의약품 도매업'의 동종성을 인정하였고, '서적, 학습지'와 '고시학원 경영업'의 동종성을 인정하여 양 상품 및 서비스업이 유사한 것으로 판단하였습니다.

이처럼 상품과 서비스업 간에도 서로 동종성이 인정된다면 유사한 상표로 판정되므로 상표를 출원할 때 이 부분도 주의를 기울여야 합니다.

국제분류(니스분류)에 따른 상품 분류

국제적으로 사용되는 상품 및 서비스의 표준명칭 및 분류를 의미하는 니스분류는 국가 간 상품분류 차이로 인해 출원 시 발생할 수 있는 절차상의 문제점을 해소하기 위해 기준을 잡아 통일한 것입니다. 미국, 유럽공동체, 일본 등 대다수 국가에서 채택하고 있는 국제 상품분류표이며, 한국은 국제분류 11판을 사용하고 있습니다. 이 분류에 따르면 상품은 1류부터 34류까지, 서비스는 35류부터 45류까지로 구분됩니다. 아래는 각 상품류에 대한 구체적 예시입니다. 실제로는 류별로 훨씬 더 많은 상품이 존재합니다.

01류	공업용, 과학용, 사진용, 농업용, 원예용 및 임업용 화학제; 미가공 인조수지, 미가공 플라스틱; 비료; 소화용(消火用) 조성물; 조질제(調質劑) 및 땜납용 조제; 식품보존제; 무두질제; 공업용 접착제
02류	페인트, 니스, 래커; 녹 방지제 및 목재 보존제; 착색제; 매염제(媒染劑); 미가공 천연수지; 도장용, 장식용, 인쇄용 및 미술용 금속박(箔)과 금속분(粉)
03류	표백제 및 기타 세탁용 제제; 세정, 광택 및 연마재; 비의료용 비누; 향료, 에센셜 오일, 비의료용 화장품, 비의료용 헤어로션; 비의료용 치약
04류	표백제 및 기타 세탁용 제제; 세정, 광택 및 연마재; 비의료용 비누; 향료, 에센셜 오일, 비의료용 화장품, 비의료용 헤어로션; 비의료용 치약
05류	약제, 의료용 및 수의과용 제제; 의료용 위생제; 의료용 또는 수의과용 식이요법 식품 및 제제, 영아용 식품; 인체용 또는 동물용 식이보충제; 플레스터, 외상치료용 재료; 치과용 충전재료, 치과용 왁스; 소독제; 해충구제제(驅除劑); 살균제, 제초제
06류	일반금속 및 그 합금, 광석; 금속제 건축 및 구축용 재료; 금속제 이동식 건축물; 비전기용 일반금속제 케이블 및 와이어; 소형금속제품; 저장 또는 운반용 금속제 용기; 금고
07류	기계 및 공작기계; 모터 및 엔진(육상차량용은 제외); 기계 커플링 및 전동장치 부품(육상차량용은 제외); 비수동식 농기구; 부란기(孵卵器); 자동판매기
08류	수공구 및 수동기구; 커틀러리; 휴대용 무기; 면도기

09류	과학, 항해, 측량, 사진, 영화, 광학, 계량, 측정, 신호, 검사(감시), 구명 및 교육용 기기; 전기의 전도, 전환터 소프트웨어; 소화기기, 변형, 축적, 조절 또는 통제를 위한 기기; 음향 또는 영상의 기록, 전송 또는 재생용 장치; 자기(磁氣)데이터 매체,녹음디스크; CD, DVD 기타 디지털 기록매체; 동전작동식 기계장치; 금전등록기, 계산기, 데이터 처리장치, 컴퓨터; 컴퓨터 소프트웨어, 소화기기
10류	외과용, 내과용, 치과용 및 수의과용 기계기구; 의지(義肢), 의안(義眼), 의치(義齒); 정형외과용품; 봉합용 재료; 장애인용 치료 및 재활보조장치; 안마기; 유아수유용 기기 및 용품; 성활동용 기기 및 용품
11류	조명용, 가열용, 증기발생용, 조리용, 냉각용, 건조용, 환기용, 급수용 및 위생용 장치
12류	수송기계기구; 육상, 항공 또는 해상을 통해 이동하는 수송수단
13류	화기(火器); 탄약 및 발사체; 폭약; 폭죽
14류	귀금속 및 그 합금; 보석, 귀석 및 반귀석; 시계용구
15류	악기
16류	종이 및 판지; 인쇄물; 제본재료; 사진; 문방구 및 사무용품(가구는 제외); 문방구용 또는 가정용 접착제; 미술용 및 제도용 재료; 회화용 솔; 교재; 포장용 플라스틱제 시트, 필름 및 가방; 인쇄활자, 프린팅블록
17류	미가공 및 반가공 고무, 구타페르카, 고무액(gum), 석면, 운모(雲母) 및 이들의 제품; 제조용 압출성형형태의 플라스틱 및 수지; 충전용, 마개용 및 절연용 재료; 비금속제 신축관, 튜브 및 호스
18류	가죽 및 모조가죽; 수피; 수하물가방 및 운반용 가방; 우산 및 파라솔; 걷기용 지팡이; 채찍 및 마구(馬具); 동물용 목걸이, 가죽끈 및 의류
19류	비금속제 건축재료; 건축용 비금속제 경질관(硬質管); 아스팔트, 피치 및 역청; 비금속제 이동식 건축물; 비금속제 기념물
20류	가구, 거울, 액자; 보관 또는 운송용 비금속제 컨테이너; 미가공 또는 반가공 뼈, 뿔, 고래수염 또는 나전(螺鈿); 패각; 해포석(海泡石); 호박(琥珀)(원석)
21류	가정용 또는 주방용 기구 및 용기; 빗 및 스펀지; 솔(페인트 솔은 제외); 솔 제조용 재료; 청소용구; 비건축용 미가공 또는 반가공 유리; 유리제품, 도자기제품 및 토기제품

22류	로프 및 노끈; 망(網); 텐트 및 타폴린; 직물제 또는 합성재료제 차양; 돛; 하역물운반용 및 보관용 포대; 충전재료(종이/판지/고무 또는 플라스틱제는 제외); 직물용 미가공 섬유 및 그 대용품
23류	직물용 실(絲)
24류	직물 및 직물대용품; 가정용 린넨; 직물 또는 플라스틱제 커튼
25류	의류, 신발, 모자
26류	레이스 및 자수포, 리본 및 장식용 끈; 단추, 갈고리 단추(Hooks and eyes), 핀 및 바늘; 조화(造花); 머리장식품; 가발
27류	카펫, 융단, 매트, 리놀륨 및 기타 바닥깔개용 재료; 비직물제 벽걸이
28류	오락용구, 장난감, 비디오게임장치; 체조 및 스포츠용품; 크리스마스트리용 장식품
29류	식육, 생선, 가금 및 엽조수; 고기진액; 가공처리, 냉동, 건조 및 조리된 과일 및 채소; 젤리, 잼, 설탕에 절인 과실; 달걀; 우유 및 그 밖의 유제품; 식용 유지(油脂)
30류	커피, 차(茶), 코코아와 대용커피; 쌀; 타피오카와 사고(Sago); 곡분 및 곡물조제품; 빵, 페이스트리 및 과자; 식용 얼음; 설탕, 꿀, 당밀(糖蜜); 식품용 이스트, 베이킹파우더; 소금; 겨자(향신료); 식초, 소스(조미료); 향신료; 얼음
31류	미가공 농업, 수산양식, 원예 및 임업 생산물; 미가공 또는 반가공 곡물 및 종자; 신선한 과실 및 채소, 신선한 허브; 살이있는 식물 및 꽃; 구근(球根), 모종 및 재배용 곡물종자; 살아있는 동물; 동물용 사료 및 음료; 맥아
32류	맥주; 광천수, 탄산수 및 기타 무주정(無酒精)음료; 과실음료 및 과실주스; 음료용 시럽 및 음료수 제조제
33류	알코올 음료(맥주는 제외)
34류	담배; 흡연용구; 성냥
35류	광고업; 사업관리업; 기업경영업; 사무처리업
36류	보험업; 재무업; 금융업; 부동산업
37류	건축물건설업; 수선업; 설치서비스업
38류	통신업
39류	운송업; 상품의 포장 및 보관업; 여행알선업
40류	재료처리업

41류	교육업; 훈련제공업; 연예오락업; 스포츠 및 문화활동업
42류	과학적, 기술적 서비스업 및 관련 연구, 디자인업; 산업분석 및 연구 서비스업; 컴퓨터 하드웨어 및 소프트웨어의 디자인 및 개발업
43류	음식료품을 제공하는 서비스업; 임시숙박업
44류	의료업; 수의업; 인간 또는 동물을 위한 위생 및 미용업; 농업, 원예 및 임업 서비스업
45류	법무서비스업; 유형의 재산 및 개인을 물리적으로 보호하기 위한 보안서비스업; 개인의 수요를 충족시키기 위해 타인에 의해 제공되는 사적인 또는 사회적인 서비스업

저명상표가 무엇인가요? 06

저명 상표란 다른 업종의 수요자에게도 널리 알려진 상표를 뜻합니다. 일반적으로 고가의 외국 명품 브랜드부터 아디다스, 나이키 등 대중적인 브랜드까지 주변에서 쉽게 찾아볼 수 있습니다. 저명 상표는 신용도나 주지도가 매우 높기 때문에 저명 상표와 동일하거나 유사한 상표를 사용하려는 시도가 많이 나타납니다.

이에 상표법과 부정경쟁방지법은 저명 상표가 갖는 권리의 효력을 이종 업종까지 넓혀 광범위하게 보호하고 있으므로, 누군가 저명 상표를 등록된 업종이 아닌 전혀 다른 업종에 사용하더라도 침해에 해당할 수 있다는 점을 주의해야 합니다. 특히 세계적인 명품 브랜드들은 브랜드 관리를 철저히 하여 소송을 불사하고 있으므로, 쉽게 비슷한 이름을 쓰는 경우 법정 분쟁에 휩싸일 수 있습니다. 이는 패러디를 통해 재미있는 상표를 만드는 경우에도 마찬가지입니다.

'루이비통닭' 사건

'루이비통' 브랜드를 본따서 '루이비통닭'이라는 상호를 썼던 한 치킨집에 1천 4백만 원이 넘는 배상금 판결이 나왔습니다. 실제 브랜드와 비교해 보면 영어 철자에서 'T'가 하나 빠져 있고, 로고의 모양이 조금 다르지만 글씨체나 분위기는 흡사한 경우였습니다.

루이비통사는 "치킨집이 이 상호를 쓰지 못하게 해 달라"며 법원에 가처분 신청을 했고, 법원은 이를 받아들였지만, 이 치킨집 주인은 상호와 간판을 살짝 바꿨습니다. 상호 앞에 'Cha'를 붙여 '차루이비 통닭'으로 상호를 바꾸고 글씨체와 띄어쓰기도 다르게 했지만, 루이비통사에서 또다시 문제 제기를 했고, 결국 법원이 "치킨집은 루이비통사에 1,450만 원을 배상하라"는 판결을 내렸습니다.

'버버리 노래방' 사건

지난 2009년, 영국의 패션 업체인 '버버리'사가 한국의 버버리 노래방을 상대로 2천만 원의 손해배상 소송을 낸 적이 있습니다.

1심에서는 "명성이 손상됐다는 객관적인 수치나 결과가 없어서 배상할 필요가 없다"며 재판부가 한국 노래방 측의 손을 들어줬으나, 2심에서는 "권리가 침해됐으니 노래방은 250만 원을 버버리 측에 배상하라"라는 판결이 나왔습니다. 결국 노래방 측은 영국 버버리사에 250만 원을 배상해야만 했습니다.

'아웃백 러브호텔' 사건

2000년대 초반, 캐주얼한 분위기에서 저렴한 비용으로 스테이크를 비롯한 양식을 다양하게 맛볼 수 있는 패밀리 레스토랑이 선풍적인 인기를 끌었습니다. 그 중 '아웃백 스테이크 하우스'는 국내 최초로 최대 매장, 최대 매출을 기록하여 한때 전국 80여 개의 매장이 들어섰습니다. 그 당시에는 패밀리 레스토랑하면 누구나 아웃백을 떠올릴 정도로 당시 아웃백 브랜드의 인지도는 엄청났습니다. 그런데 이런 저명 상표를 누군가 무인 숙박 업소에 사용한 사건이 있었습니다. 바로 아웃백 러브호텔 사건입니다.

아웃백은 자신의 상호와 상표를 등록하여 1998년부터 사용하고 있었습니다. 그러나 전북 전주시와 김제시, 익산시에서 2011년부터 아웃백 무인텔이라는 상호로 무인 숙박 시설이 운영되기 시작했는데, 이 사실을 안 아웃백은 상표권 침해 및 영업 주체 혼동행위, 그리고 식별력과 명성을 손상했다는 이유로 손해 배상을 청구했습니다.

이에 법원은 위 아웃백 무인텔에서 아웃백 스테이크 하우스의 영업 표지와 매우 유사한 표장을 사용하여 나체의 여성이 누워있는 듯한 선정적인 형상으로 변형해 사용한 사실을 인정하였습니다. 저명한 아웃백 상표의 영업 표지를 부정적인 이미지를 갖는 서비스업에 사용함으로써 아웃백의 브랜드 이미지 및 가치를 손상시켰다고 판단하여 손해 배상 소송에서 원고 일부 승소 판결을 하였습니다.

해당 사건에서 아웃백 스테이크 하우스가 등록한 상표는 패밀리 레스토랑 운영업 등에 등록되어 있었습니다. 그리고 아웃백 무인텔 측은 패밀리 레스토랑과는 무관한 무인 숙박업을 운영하고 있었을 뿐입니다. 그러나 저명 상표를 보다 광범위하게 보호하기 위한 취지와 더불어 저명 상표의 영업상 신용에 편승하여 고객을 부당하게 유인했다는 이유로 법원은 이들에게 상표 사용에 대한 손해를 배상하게 하였습니다.

이러한 사례는 프랑스 명품 브랜드 샤넬에서도 찾아볼 수 있습니다. 제3자가 샤넬 이름을 붙여서 모텔, 노래방을 운영하는 사례가 있었으나, 샤넬은 자신의 상표를 무단 도용해 샤넬스파, 샤넬모텔, 샤넬노래방을 운영하는 업체에 소송을 제기하여 승소하였습니다.

이와 같은 사례를 통해 상표법과 부정경쟁방지법은 저명상표에 대해서는 이종 업종에 대해서도 넓은 보호를 부여하고 있다는 것을 알 수있습니다. 따라서, 수요자의 신용도가 높은 저명 상표를 업종이 다르니까 사용해도 괜찮다는 안일한 생각은 자칫 거액의 손해액을 보상해줘야 하는 법적 분쟁으로 이어질 수 있으니 주의가 필요합니다.

최근 유명인 성명과 관련한 상표 분쟁이 늘고 있습니다. 성명이나 초상 등의 지식재산권인 '퍼블리시티권'에 대한 사회적 인식이 높아지고 있기 때문입니다. 유명인의 이름을 상표로 등록하는 것은 주의를 요합니다. 다음의 사례들을 살펴보면서 설명드리겠습니다.

살아있는 저명한 인물의 이름

살아있는 저명한 인물의 경우에는 그 사람의 동의를 얻지 않으면 상표 등록이 불가능합니다. 저명한 타인의 인격권 보호를 위함입니다. 그 저명한 인물이란 국민 대다수가 그 이름을 인지하는 정도의 수준을 요구합니다. 예를 들어, 유재석, 강호동, 김연아, 손흥민 같은 이름들은 그들의 동의를 얻지 않으면 상표로서 등록될 수 없습니다. 그 근거는 다음의 규정에 의합니다.

상표법 제34조 제1항 제6호

저명한 타인의 성명·명칭 또는 상호·초상·서명·인장·아호(雅號)·예명(藝名)·필명(筆名) 또는 이들의 약칭을 포함하는 상표는 등록 받을 수 없다. 다만, 그 타인의 승낙을 받은 경우에는 상표 등록을 받을 수 있다.

또한, 저명한 상호나 약칭의 경우에도 위의 조문에 의해 거절되는데, 그 예로 김대중의 약칭인 DJ, 김종필의 약칭인 JP, 한전, 주공 등이 거절된 바 있습니다.

고인의 이름

고전 영화를 좋아하시는 분들이라면 제임스딘을 기억하실 겁니다. 1950년대 영화인 "이유없는 반항", "에덴의 동쪽"을 통해 일약 스타덤에 오른 영화배우입니다. 여성들은 제임스딘의 오묘한 매력에 빠져들었고, 남자들은 그의 반항아 특유의 매력에 반해 제임스의 패션을 따라하였습니다. 그러나 그의 전성기는 그리 길지 않았습니다. 영원한 반항아이자 청춘의 불멸의 아이콘으로 불리던 그는 불의의 교통사고로 고작 24살이라는 젊은 나이에 세상을 떠났습니다. 당시 제임스딘의 추모행렬은 이어졌고, 여전히 그는 많은 이들의 우상입니다.

그런데 개그맨 주병진 씨가 '제임스딘'이라는 고인의 명칭을 속옷 브랜드로 상표 출원하여 등록을 받았었습니다. 이렇게 저명한 고인의 이름을 상표 등록 받을 수 있을까요?

대법원은 제임스딘 상표 등록 사건에서 상표 출원인이 단순히 고인의 성명 그 자체를 상표로 사용한 것일 뿐 고인과의 관계를 거짓으로 표시하였거나 선량한 도덕관념이나 국제신의에 반하는 내용이 아니라 하여 등록을 허용하였습니다.

현행 상표법은 유명인의 이름의 경우 본인의 동의를 받아야 등록을 받을 수 있도록 하지만, 저명한 고인의 이름은 고인과의 관계를 허위로 표시하거나 고인을 비방, 모욕 또는 나쁜 평판을 받게 할 염려가 있는 경우가 아니라면 상표 등록이 가능하도록 하고 있습니다.

저명한 고인의 상표권을 둘러싼 다른 사례를 살펴보겠습니다. 이번에는 저명한 천재 아티스트 백남준과 백남준 미술관에 대한 이야기 입니다. 2001년 백남준미술관 대표인 한 모 교수는 백남준의 생전에 '백남준미술관'을 상표로 등록했습니다. 이 후 경기문화재단이 2008년 경기도 용인에 '백남준아트센터'를 건립했습니다.

그러자 백남준미술관의 상표권자는 경기문화재단이 설립한 백남준아트센터의 간판과 벽 등에 자신이 등록한 '백남준미술관' 상표가 무단 사용됐다며 상표권 침해금지소송을 제기했습니다. 이 사건에서 백남준 성명에 관한 권리는 자신만이 가지고 있다고 주장하였습니다.

이때 백남준미술관 등록상표에 대한 무효심판이 반대급부로 청구되었는데, 이 사건에서는 고 백남준의 이름을 딴 '백남준미술관'의 상표권자가 상표를 등록 받을 때 백남준 본인의 허락을 받았는지가 주요 쟁점이었습니다.

유명인이 사망한 경우 제3자가 사망 전 고인 본인이나 사망 후 고인의 친인척 등 관계인, 고인의 이름을 관리하고 있는 기념사업회 등의 동의를 받았다면 상표를 등록할 수 있습니다. 이와 관련하여, 한 모 교수는 백남준 미술관 상표를 특허청에 출원하면서 고 백남준씨가 적었다는 "한○○가 대구에 백남준 미술관을 건설하는 것을 허가한다"라는 내용의 메모지를 제출해 상표를 등록한 바 있었습니다.

이 사건에 대법원은 상표권자의 주장에 대해 '백남준미술관' 상표는 비디오 아티스트로 저명한 백남준의 성명을 동의없이 무단 모방해 출원한 것으로 될 수 있고, 상표권자가 제출한 증거인 미술관 건립에 관한 메모는 상표 출원까지 동의했다고 볼 수 없다고 보아 증거로 채택하지 않고 등록을 무효화하였습니다. 나아가 대법원은 상표권자가 고의로 저명한 백남준 성명의 명성에 편승하기 위하여 상표를 무단으로 출원·등록하여 사용하는 행위는 저명한 비디오아트 예술가로서의 백남준의 명성을 떨어뜨려 그의 명예를 훼손시킬 우려가 있다고 판단하였습니다. 또한 성명에 대한 권리가 자신에게만 있다고 주장하는 것은 권리남용에 해당된다고 보았습니다. 결국 '백남준'에 관한 상표권 분쟁에서 대법원은 백남준 아트센터의 손을 들어주었습니다.

위의 '제임스딘'과 '백남준' 사건의 판단이 달라진 이유가 뭘까요? '제임스딘'과 '백남준' 모두 저명한 고인임에는 이견이 없으나, 상표 '제임스딘'의 출원 당시 '제임스딘'은 이미 고인이 되었으므로 동의를 받을 필요가 없었고, 속옷에 성명을 그대로 표시한 것에 지나지 않아 고인과의 관계를 비방하거나 허위표시했다고 보기 어려워 등록이 가능했던 것입니다.

반면, 상표 '백남준미술관'은 상표의 출원시점에 백남준씨가 살아있었으므로 동의를 받았는지 여부가 주요 쟁점이었고, 상표출원에 대한 동의가 있었던 것을 인정하지 않아 등록을 무효화시킨 것으로 보여, 결국 양 사건의 판단이 달라진 것입니다.

상표도 유효기간이 있나요? 08

상표의 유효기간은 어느 정도일까요? 한번 등록한 상표는 영구적으로 이용이 가능할까요? 100년 넘게 상표권을 보유하고 있는 코카콜라의 사례를 보면 상표는 유효기간이 없다고 생각할 수 있습니다. 그러나 일반적으로 등록된 상표권의 유효 기간은 상표 등록일로부터 10년입니다. 즉, 특허청에 상표를 등록한 뒤, 등록일로부터 10년이 지나면 상표권이 소멸합니다.

다만 상표권은 다른 지식 재산권과는 달리 갱신 제도를 가집니다. 이는 상표권 제도의 주요한 특징 중 하나입니다. '존속 기간 갱신 등록 신청'을 통해 상표권의 존속 기간이 만료되기 전 1년이나 존속 기간 만료 후 6개월 이내에 갱신등록 신청서를 제출하는 경우, 상표권의 존속 기간은 10년씩 갱신됩니다. 이 제도를 이용하여 코카콜라, 메르세데스 벤츠, 필립스, 듀폰, 미쉐린, 스와로브스키, 허쉬와 같은 기업들은 100년 넘게 자신의 상표 등록을 유지해 오고 있습니다.

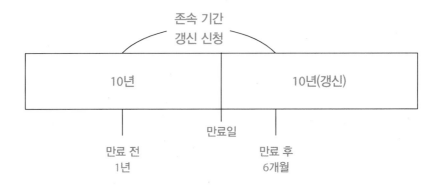

상표는 유효기간이 10년으로 다른 지식재산권에 비해 짧은 편이지만, 이 제도를 통해 10년마다 갱신료를 내면 존속 기간을 늘릴 수 있습니다. 결국 반영구적으로 권리를 가질 수 있는 셈입니다. 국내에서도 '삼성', 'LG', '현대', '맥도날드', '칠성사이다' 등 수십 년 동안 유지되는 상표권이 있습니다. 위 상표권들은 상표권자가 해당 상표의 갱신을 꾸준히 관리하였기 때문에 수십 년 동안 유지될 수 있었습니다.

상표권은 상품에 표시된 상표를 통해서 영업 상의 신용 유지를 할 수 있도록 보호하는 제도입니다. 따라서 상표의 신용이 유지되는 이상 권리가 영구적으로 존속하는 것이 옳고, 영업을 계속하고 있다면 존속 기간을 늘려줄 필요가 있는 것이죠.

그러므로 상표권 존속 기간의 갱신 신청은 별다른 사유가 없는 한 승인됩니다. 비용을 납부하는 간단한 절차만 거치면 됩니다. 다만, 갱신 신청이 가능한 날짜를 놓치면 보유한 상표는 소멸되니 주의하셔야 합니다.

상표출원이 등록 결정을 받은 이후에도 등록료를 내지 않거나, 3년 이상 불사용이나 변형사용으로 오인이나 혼동을 가져오는 등 취소 요건을 만족하는 경우에도 상표 등록이 취소될 수 있습니다. 또한 갱신등록을 하지 않으면 상표는 10년간만 유지되고 소멸하게 됩니다. 이 때문에 상표 등록 이후에도 세심한 관리가 필요합니다. 상표를 출원한 이후 등록을 받는 것도 중요하지만, 등록된 상표가 소멸되지 않도록 관리하는 것 역시 권리 보호를 위해 꼭 필요한 일입니다.

상표도 재산적 가치가 있나요?

09

기업이 브랜드를 내세워 자체적으로 생산하는 제품이나 서비스는 기업의 가장 큰 자산이 될 수 있습니다. 코카콜라라는 이름을 쓰지 못하는 음료수 회사와 애플이라는 이름을 쓰지 못하는 컴퓨터 회사를 생각해봅시다. 우리가 생각하는 코카콜라와 애플이라는 기업의 가치가 지금과 같을까요?

판매자 입장에서 본 브랜드의 효용은 소비자가 경쟁사의 제품 대신 우리 제품을 선택하도록 도와준다는 것입니다. 고객이 제품이나 서비스를 선택하는 기준을 제공해 주는 것이죠. 결국 브랜드는 같은 품질의 제품을 더 많이 혹은 더 비싼 가격에 팔 수 있게 해줍니다. 그러므로 브랜드 가치를 높이면 동일한 브랜드를 공유하는 신제품의 성공 확률을 높일 수 있습니다. 또한, 브랜드는 유통 시장에서 경쟁사보다 우위를 가지게 합니다. 대형 백화점들이 명품 브랜드를 앞다퉈 입점시키려는 것을 떠올리시면 되는데요. 이는 브랜드 가치가 시장에서 기업의 성공에 직접적인 영향을 끼친다는 것을 보여줍니다.

미국의 상표가치 평가 회사인 인터브랜드는 세계에서 가장 가치가 높은 브랜드로 애플, 구글, 코카콜라, IBM, 마이크로소프트를 꼽았습니다. 우리나라의 삼성도 10위권에 들었는데요, 이 순위를 보면 회사의 브랜드 가치와 기업 가치는 높은 상관관계를 가짐을 알 수 있습니다.

2019년, 영국의 브랜드 평가 컨설팅 업체 브랜드 파이낸스는 2019년 세계 500대 브랜드(Top 500 most valuable brands)를 발표했습니다. 이 조사에서 삼성의 브랜드 가치는 913억 달러로 이미 100조원을 넘어섰습니다. 아시아에서 가장 가치 있는 B2C(소비자를 대상으로 하는) 브랜드가 된 것입니다.

그렇다면 글로벌 브랜드 가치 1위는 누가 차지했을까요? 미국의 아마존입니다. 약 212조 원(1879억 달러)에 달하는 가치입니다. 우리가 잘 알고 있는 애플은 1536억 달러로, 2위에 올랐으며 구글은 1428억 달러를 달성하며 3위에 이름을 실었습니다. 그 다음으로는 마이크로소프트가 1196억 달러의 가치로 순위에 올랐죠.

2010년 타계한 디자이너 고 앙드레김의 자녀들에게는 고인의 상표권이 상속되었습니다. 이 과정에서 무려 7억원 대의 상속세가 부가되었다고 합니다. 국세청은 '앙드레김' 상표권을 앙드레김 의상실 영업권과는 별개의 독립된 재산권으로 보았고, 그 상표권의 가치를 46억 3천만 원으로 평가하였습니다. 이러한 사례를 통해 한 개인이 만든 브랜드의 가치가 수십 억을 호가할 수 있다는 사실을 알 수 있습니다.

Part 03

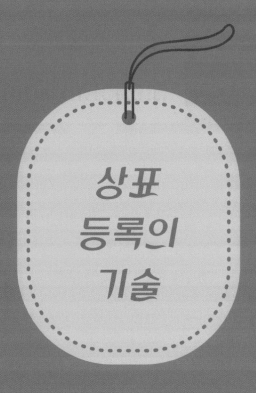

상표
등록의
기술

상표의 종류

≫

'상표' 하면 로고나 문자를 떠올리는 경우가 많습니다. 그러나 상표에 대해 조금이라도 관심이 있다면 카카오톡의 대표 알림음 "카톡"과 같은 소리 상표, 코카콜라 병과 같은 입체 상표도 함께 생각할 것입니다. 이처럼 최근에는 소리와 입체적 형태도 상표로 등록이 가능해졌습니다. 이를 소리 상표, 입체 상표라고 합니다.

우리나라에서 상표라 하면 2000년대 초반까지는 2차원적인 도형이나 기호가 일반적이었습니다. 반면 외국은 예전부터 다양한 종류의 소리 상표, 냄새 상표 등 비전형적인 상표의 등록을 허용해왔습니다. 세계적 추세에 발맞추기 위해 현재는 우리나라도 다양한 형태의 상표를 인정하고 있습니다.

오늘날 상표법은 입체 상표(1998년 3월 1일), 색채, 홀로그램, 동작 등 시각

상표(2007년 7월 1일), 냄새, 소리 등 비시각 상표(2012년 3월 15일) 등으로 표장의
대상을 확대해 사실상 상표로서 기능하는 모든 표장을 상표의 대상으로 하
고 있습니다. 이들 상표의 종류에 대해 알아보겠습니다.

일반 상표

우리가 가장 흔히 볼 수있는 유형은 기호, 문자, 도형 또는 이들을 서로
결합하거나 색채를 더한 일반 상표입니다.

기율      

등록 제40-1260730호	등록 제40-0856733호	등록 제40-0573095호
〈문자상표〉	〈도형상표〉	〈결합상표〉

그러나 최근에는 물품의 형태(빙그레 바나나 우유)는 입체 상표로서, 냄새(포
도몰의 포도향)는 냄새 상표로서, 소리(인텔인사이드)는 소리 상표로서 상표 등록
을 받을 수 있게 되었습니다.

입체 상표

입체 상표란 3차원으로 이루어진 입체 형상을 말합니다. 입체적 형상이
아닌 2차원의 도형을 상표로 등록 받고자 할 경우에는 앞서 설명한 일반 상
표로 지정해야 합니다. 빙그레는 허리 부분이 뚱뚱한 바나나맛 우유를 출시
했습니다. 많은 사람들은 '뚱뚱한 바나나 우유'하면 빙그레 제품을 떠올립

니다. 멀리서 실루엣만 보고도 빙그레의 바나나맛 우유를 연상할 수 있을 만큼 유명하고 식별력 있는 상표입니다. 이 디자인은 입체 상표로 등록되어 있으므로 타사에서는 우유에 이 패키지를 쓸 수 없습니다.

등록 제40-0256870호   등록 제40-0645729호   등록 제40-815543호

냄새 상표

냄새 상표란 냄새만으로 이루어진 상표입니다. 길가를 지나가다가 빵 굽는 냄새가 너무 좋아 뭔가에 홀린 듯 베이커리 안으로 들어가본 경험이 누구에게나 있을 것입니다. 이처럼 후각적인 자극은 구매에 굉장히 큰 영향을 끼칩니다. 기업은 이러한 후각 마케팅을 자신들의 상표에 녹여 냄새 상표로 등록합니다. 레이저프린터의 레몬향 토너, 아몬드향 자동차 윤활유, 장미향 타이어 등이 바로 그것입니다. 이들은 냄새를 이용한 독특한 판매 전략을 세워 해당 제품의 냄새만 맡고도 어떤 회사인지 그 출처를 알 수 있도록 하고 있습니다.

냄새를 상표로 등록하려면 냄새에 식별력, 즉 타인의 상표와 구별될 수 있는 힘이 있어야 합니다. 만약 냄새 상표가 품질, 원재료, 효능, 용도 등을 직접적으로 나타내기만 할 뿐이라면 상표 등록이 거절됩니다. 냄새 상표는 통상 제품의 유통 과정에서 필요한 표시이기에 독점권을 특정인에게 부여한다면 올바르지 않기 때문입니다. 쉬운 예시로, 자동차를 판매하거나 수리하는 업종에서는 자동차의 시동 소리나 타이어의 고무 냄새를 상표로 등록하기 힘든 것을 예로 들 수 있습니다.

또한, 냄새 상표는 기능적이지 않아야 합니다. 상품의 기능 또는 기능을 확보하거나 서비스의 목적과 이용에 불가결한 냄새는 등록 받기 힘듭니다. 냄새만으로 된 상표도 마찬가지입니다. 기능적이거나 유용한 특성은 상표보다는 특허로 보호 받기 때문입니다. 이런 경우에는 식별력을 갖추어도 등록이 거절될 확률이 높습니다.

소리 상표

소리 상표란 소리만으로 이루어진 상표를 말합니다. 윈도우 시작음 "띠링"은 대부분의 사람들이 마이크로소프트사의 고유의 음으로 인식하고 있습니다. 여기서 더 나아가 상표에 관심이 있는 분이라면 마이크로소프트사가 등록 받은 소리 상표로 알고 있기도 합니다. 다시 말해, "띠링"은 루이비통이나 샤넬의 로고처럼 마이크로소프트사의 출처 표시인 것입니다.

한국은 한·미 자유무역협정(FTA) 체결에 따라 상표법을 개정해 2012년 소리 상표를 상표권 범주에 포함시켰습니다. 잘 알려진 소리 상표로는 LG전자의 '사랑해요 LG' 효과음, SK텔레콤의 '띵띵띠링띵', 카카오의 '카톡'과 '카톡왔숑' 등이 등록되어 있습니다. 소리상표는 식별력이 있어야 등록이 가능한데, 예를 들어 '카톡왔숑'은 이 소리를 듣자마자 카카오톡을 연상시키므로 식별력 있는 상표라고 볼 수 있습니다.

최근에는 몇몇 중견기업과 연예인을 중심으로 이색적인 상표를 출원하여 등록한 사례가 늘고 있습니다. '장수돌침대'로 널리 알려진 장수산업은 최창환 장수산업 회장의 걸쭉한 육성으로 녹음된 '별이 다섯 개, 진짜 장수돌침대는 별이 다섯 개입니다.'가 특허청 심사에 통과해 소리 상표로서 등록이 완료됐습니다.

또한, 보령제약의 장수제품 '용각산'을 상징하는 소리도 법으로 보호 받게 되었는데요, 남자 성우가 근엄한 목소리로 읊은 '이 소리가 아닙니다. 이 소리도 아닙니다.'도 등록을 마쳤습니다.

한편, 유명 개그맨들이 자신의 유행어가 악용되는 것을 막기 위해 소리 상표를 대거 등록한 일도 있습니다. 정찬우 씨와 김태균 씨는 '그때그때 달라요', '쌩뚱맞죠'라는 상표권을 확보했고, 김준호 씨는 마지막 2음절에 비음을 섞은 '케어해주자나'를, 김대희 씨는 경상도 사투리 억양을 차용하여 다소 무뚝뚝하고 낮은 음성으로 구성된 '밥묵자'를 소리 상표로 등록했습니다. 기업들이 이들 유행어를 상업적으로 활용하려면 상표권자의 허락을 받고 소리 상표에 대한 사용료를 내야 합니다.

그러면 눈에 보이지 않는 소리를 대체 특허청에 어떻게 설명해야 할까요? 우선 상표법에 규정된 상품 분류에 따라 소리 상표가 사용될 상품이나 서비스업 분야를 지정해 각각 등록해야 합니다. 소리에 대한 상세한 묘사와 함께 오디오 파일 첨부도 필요합니다.

카카오는 '카톡왔숑' 알림음을 출원하면서, "이 소리상표는 4음절의 '카톡왔숑'으로 구성되어 있으며 여자의 음성으로 매우 빠르게 발음된다. 처음 두 음절 '카톡'에 비하여 세 번째 음절 '왔'은 조금 더 낮은 음으로 발음되며, 네 번째 음절 '숑'은 세 번째 음절보다 더 낮은 음으로 발음된다. 앞 세 음절은 스타카토 형식의 짧게 끊는 빠른 음절로 연이어 발음되고, 마지막 음절은 앞 세 음절에 비하여 다소 길게 발음되는 형식으로 구성되어 있다."라고 특징으로 기재하며, '카톡왔숑.mp3'라는 첨부파일을 함께 제출하였습니다. 이처럼 소리가 상표로 등록되려면 간단하면서도 흔하지 않아 그 특성을 명확히 설명할 수 있어야 합니다.

소리 상표를 등록하지 못한 사례를 살펴볼까요? 파리크라상은 광고 마지막에 삽입하는 징글(Jingle, 짤막한 로고송)을 등록하려 했지만 특허청 심사에서 '식별력 부족'을 이유로 거절당했습니다. 심사 과정에서 해당 소리를 세간에 알리려고 막대한 광고 예산을 집행한 점 등을 강조했지만, 특허청은 수요자들이 그 소리만 듣고 출원인의 상품을 떠올리는 수준으로 보기 어렵다고 판단했습니다.

색채만으로 된 상표

색채만으로 된 상표란 단일 색채 또는 색채의 조합만으로 이루어진 상표를 말합니다. 따라서, 기호나 문자, 도형 등에 색채가 결합된 것은 색채만으로 된 상표가 아닌 일반 상표에 해당합니다.

홀로그램 상표

홀로그램 상표란 두 개의 레이저광이 서로 만나 일으키는 빛의 간섭 효과를 이용하여 사진용 필름과 유사한 표면에 3차원적 이미지를 기록한 상표를 말합니다.

등록 제41-354050호　　　등록 제40-0931826호　　　등록 제40-0904449호

동작상표

동작상표란 일정한 시간의 흐름에 따라 변화하는 동작을 나타낸 상표를 말합니다. 예를 들면, 영화를 시작하기 전에 영화 제작사의 광고에 나타나는 이미지들은 시간이 지나면 프레임에 따라 움직이면서 장면과 동작이 바뀌기 때문에 동작 상표라고 볼 수 있죠. MGM사의 사자가 영화 시작 전 고개를 흔들며 으르렁 거리는 모습도 누구나 기억하실 겁니다. 이것이 동작 상표입니다.

동작상표 등록 사례

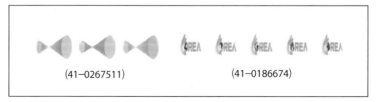

(41-0267511)　　　　　　　　　　(41-0186674)

브랜딩

≫

오늘날 수많은 비즈니스가 등장하면서 서로 좋은 브랜드를 가지려는 경쟁이 증가하고 있습니다. 브랜드 하나를 정하기 위해 수억의 비용을 들이는 등 브랜드에 대한 가치가 나날이 중요해지고 있습니다.

브랜드는 소비자가 제품을 인식하는 첫 단계입니다. 제품 간 차별성을 부여하고 소비자들이 브랜드를 선택하게끔 유도하죠. 그래서 브랜드의 이름을 정하는 것은 기업의 운명을 좌우하기도 합니다.

브랜드의 이름을 정하는 것을 브랜드 네이밍이라 합니다. 브랜드 네이밍을 위해서는 크게 마케팅적 적합성, 경쟁사와의 차별성, 디자인 적용성, 상표등록성을 고려해야 합니다.

마케팅적 적합성을 판단하기 위해서는 수립된 마케팅 전략 방향에 적합한가, 발음하기 좋은가, 경험이나 감성에 호소하는 브랜드인가, 부정적 이미지 연상은 없는가 등을 고려하게 됩니다. 즉, 일반적으로 부르기 쉽고, 좋은 이미지를 가지고, 기억하기 용이하여 오랫동안 기억에 남아야 합니다. 예시로 패스트푸드 브랜드인 '찹찹'은 음식을 먹을 때 나는 소리 '쩝쩝'을 연상시키기도 하고, 젓가락(chopstick)을 떠올리게도 하는 브랜드입니다.

다른 예로 식품 브랜드인 '해찬들'을 꼽을 수 있는데요. 해찬들은 해가 가득찬 들녘이라는 뜻을 가지고 있어 소비자의 입장에서는 자연친화적 또는 건강한 이미지를 떠올리게 됩니다. 고추장, 된장, 쌈장 등을 주요 상품으로 판매하고 있는 회사의 입장에서는 브랜드 이름만으로 추구하는 가치를 표현하고 신뢰감을 제공하므로 일석 이조의 효과를 가질 수 있습니다.

경쟁사와의 차별화를 위해서는 타사 브랜드와 동일하거나 유사하지 않은가, 화제성이 있는가 등을 고려하게 됩니다. 즉 다른 상표와 구별하기 쉽고, 광고 · 선전 등에 유용한 것이 바람직합니다. 위트 요소가 포함된 경우를 예로 들 수 있는데, 여성 패션 브랜드인 'NANIN9'는 아저씨들이 입는 속옷 이름을 여성 패션 브랜드에서 차용함으로써 소비자들의 관심을 불러일으켰습니다. 다른 예로는, 여자라면(라면), 장남위주(술), 참견(애완동물업), 질량보존의 법칙(다이어트 교육업) 등이 있습니다.

디자인 적용성을 위해서는 상표 이외 로고 등이 디자인 적으로 이루어졌는지 혹은 디자인적 요소가 쉽게 고객에게 어필될 수 있는지 등을 고려합니다. 즉 좀 더 세련된 이미지를 전달하기 위한 고민으로, 대부분의 회사에서 브랜드에 BI작업 등을 통해 로고작업을 하고 있는 이유입니다.

하지만 위의 모든 사항들 못지 않게 상표로서 등록 받을 수 있는 이름을 고르는 일도 중요합니다. 즉, 상표등록성을 생각해야 한다는 이야기입니다. 상표등록을 받지 못하는 브랜드는 아무리 키워 놓아도 자신의 것이 아니기 때문입니다.

그래서 브랜드를 선정할 때에는 상표 등록이 가능한 브랜드를 골라야 합니다. 상표 등록을 받을 수 없다면 자신의 것으로 만들 수 없기 때문에 그 브랜드가 아무리 부르기 쉽거나 듣기 좋아도 소용이 없습니다. 상표법을 모르는 사람이 브랜딩을 하는 경우 대부분 이 부분에서 실수하여, 처음부터 상표등록이 불가능한 브랜드를 만드는 경우가 자주 있습니다. 결국 브랜딩과 마케팅을 다 해놓고도 특허사무소에 가져온 브랜드가 등록 받을 수 없는 상표인 경우가 많습니다. 지금까지 브랜딩과 마케팅에 쏟은 비용이 모두 날아가는 순간입니다.

에어비앤비와 아마존의 브랜드 네이밍

여행지에서 숙박 공유 서비스를 제공하는 에어비앤비(Airbnb)는 다들 알고 계실 겁니다. 지금은 에어비엔비라고 널리 알려져 있지만, 2007년 샌프란시스코에서 숙박 공유 서비스 사업을 시작할 당시에는 'Air Bed and Breakfast'라는 브랜드를 사용하였습니다. 브랜드 이름 그대로 공동창업자인 평범한 친구 세명이 에어베드와 아침식사를 여행객들에게 제공하여 수익을 얻었고, 이를 그대로 나타낸 것이 'Air Bed and Breakfast' 였습니다.

그러나, 'Air Bed and Breakfast'는 사업 의미를 담을 수는 있을지 모르지만, 부르기도 어렵고 기억하기도 어렵습니다. 이에 따라, 'Air Bed and Breakfast'를 줄여서 현재의 브랜드인 'AirBnB'가 탄생했습니다. 즉, 긴 이름을 간략하게 축약하여 직관적인 브랜드 이름을 만든 것입니다.

다음으로, 세계에서 가장 브랜드 가치가 높은 기업으로 평가받는 아마존 (Amazon)에 대해서 알아보겠습니다. 아마존의 CEO인 제프 베조스는 1994년 카다브라(Cadabra)를 설립한 후, 7개월 뒤에 아마존으로 회사명을 바꾸었는데, 이때 바꾼 이름의 유래를 살펴보면 재미있는 요소가 많습니다.

제프베조스는 'Amazon'의 스펠링이 'A'로 시작하기 때문에 어떤 리스트에서도 상단에 위치할 가능성이 높을 것으로 보았습니다. 또한, 'Amazon'의 스펠링은 'A'에서 시작해서 'Z'로 끝이 나는데, 이는 'a부터 z까지의 모든 물건을 살수있다'라는 사업적 의미를 포함하고 있습니다. 실제 로고를 살펴보아도 ' **amazon** ' 화살표 방향이 a에서 시작하여 z를 가리키고 있습니다. 또한, 세계에서 가장 큰 강의 이름도 아마존이므로 사업 의미를 담는 브랜드라고 볼 수 있습니다.

이후, 아마존에서는 'Amazon'이라는 패밀리 브랜드를 이용하여 아마존 클라우드, 아마존 프라임, 아마존 킨들 등 상품·서비스 각각의 카테고리를 지칭하는 브랜드를 네이밍하면서 성공적으로 브랜드를 관리하고 있습니다.

식별력 있는 상표 고르기

》

앞서서 브랜드의 이름을 결정하는 것을 브랜드 네이밍이라 하고, 브랜드 네이밍에서 가장 중요한 것이 상표로서 등록 가능한지 여부를 파악하는 것이라고 했습니다.

상표로서 등록 가능한지 판단하는 과정에서 가장 문제가 되는 사례가 두 가지가 있습니다. 하나는 상표가 누구의 것인지 특정할 수 없는 것이고(식별력 부족), 다른 하나는 등록 받으려는 상표가 이미 타인에 의해 출원되었거나 등록된 상표와 유사한 경우입니다.

동일한 상표가 누군가에게 등록되어 있는 경우 포기하고 다른 상표를 선택하는 것이 가장 간편한 방법입니다. 만약 포기할 수 없다면 먼저 등록된 상대방의 상표를 매입하는 방법이 있습니다. 또는 상대방이 상표를 사용하지 않고 있는 경우 불사용 취소 심판을 청구하여 상대방의 상표권을 소멸시키고 자신의 상표를 등록시키는 방법이 있습니다. 다만 이 조치는 상대방이 상표를 등록한 후 3년 이상 상표를 사용한 바 없는 경우에만 해당됩니다.

특허사무소로 상표출원을 의뢰하시는 분들 중 3분의 1은 식별력이 없는 상표를 골라오고는 합니다. 상표의 가장 중요한 기능은 자타 상품 식별 기능이기에, 상표로 등록되기 위해서는 우선 식별력을 가져야 합니다.

상표의 식별력이란?

자타 상품 식별 기능은 상표의 중요한 기능 중 하나입니다. 즉, 어떤 상표를 보았을 때, 해당 상품이 누구의 것인지를 구분할 수 있게 하는 것이죠. 자타 상품 식별력이 없는 상표는 동일하거나 유사 상표가 없어도 등록 받을 수가 없습니다. 자타 상품 식별력이 없는 상표에는 어떤 상표들이 있을까요? 상표가 보통명칭, 관용표장, 성질표시표장, 현저한 지리적 명칭 등으로만 구성되면 자타 상품 식별력이 없는 상표가 됩니다. 상표법상 등록을 받을 수도 없죠. 위와 같은 상표들을 특정인에게 독점하도록 하는 경우 관련 업계의 경쟁을 지나치게 제한할 우려가 있기 때문입니다.

여기서, 보통명칭이란, 거래 사회에서 그 상품을 지칭하는 것으로 실제로 사용되고 인식되는 명칭을 의미합니다. 예를 들면, 화장품에 대해 'Cosmetic'은 보통명칭에 해당하여 등록 받을 수가 없습니다. 관용 표장이란, 상품을 취급하는 동업자들 사이에서 그 상품의 명칭을 자유롭게 사용한 결과 식별력을 상실한 표장입니다. 예를 들면, 과자에 대해 '깡' 상표, 식당업에 대해 '가든' 등이 관용표장에 해당할 수 있습니다. 마지막으로, 성질 표시 표장이란, 상품의 산지, 품질 등의 성질을 표시한 상표를 의미하는데 요, 산지를 나타내는 영광(굴비가 지정 상품인경우), 품질을 나타내는 nice, good 등은 성질표시 표장에 해당하여 상표법상 등록을 받을 수 없습니다. 산지, 품질 외에도 용도, 수량, 형상, 가격, 생산 방법, 가공방법, 사용방법, 시기를 나타내는 상표도 성질표시 표장에 해당합니다.

예를 들어, '애플'이라는 상표를 사과장수가 사용하면 타인이 판매하는 사과와 구별하기 힘드므로 식별력이 없습니다. 하지만 동일한 상표를 컴퓨터 제조회사가 사용하면 다른 컴퓨터 상품과 확실히 구별되므로 식별력이 있는 상표가 됩니다. 그래서 애플 컴퓨터의 로고와 명칭은 상표 등록을 받을 수 있었습니다.

그럼 식별력이 없는 상표는 어떤 것인지 구체적인 사례와 함께 알아봅시다.

1) 상품의 보통명칭을 그대로 표시한 경우

과일가게를 운영중인 아무개 씨가 자신이 판매한 사과에 'Apple'이라는 상표를 붙여 사용한다고 가정해봅시다. 사과의 영문 보통명칭인 'Apple'은 누구든지 자유롭게 사용할 수 있는 것이 원칙입니다. 그런데, 아무개씨가 사과에 대해 'Apple'이라는 명칭을 혼자만이 단독으로 사용하고 싶어 상표 출원을 하면 등록이 가능할까요? 우리 특허청은 상품의 보통명칭을 그대로 표시한 경우에 해당하여 식별력이 없다는 이유로 등록을 불허할 것입니다.

이와 유사한 사례로, 가구를 제작하는 아무개씨가 자신이 직접 제조한 가구에 '퍼니처'라는 상표를 출원하여 등록 받는 것은 특별한 사정이 없는 한 불가능합니다. 이는 가구의 영문 명칭인 '퍼니처'는 공공의 자유사용이 보장되어야 하기 때문입니다.

판례는 포장용 필름에 쓰는 '랩', 화장품에 쓰는 '파운데이션', 건과자에 쓰는 '콘칩', 복사기에 쓰는 'COPYER', 요식업에 쓰는 '카페, 그릴' 등도 보통명칭에 해당하여 식별력이 없다고 하였습니다. 추가로, 위장약의 '정로환', 통신업의 '컴퓨터통신'도 누구나 사용할 수 있는 상품의 보통명칭에 해당하여 식별력이 없으므로 등록이 불가능합니다.

2) 상품의 관용적 명칭을 그대로 표시한 경우

요즘 인기 예능프로그램 '놀면 뭐하니?'에 출연한 가수 비는 자신의 노래 '깡'에서 독특한 무대매너와 퍼포먼스를 선보여 많은 시청자들에게 웃음을 주고, 일명 '깡시리즈'로 최근 '새우깡' 광고모델로 박탈되는 등 제2의 전성기를 맞고 있습니다. 비의 노래제목 '깡'과는 다른 의미이지만 과자업계에서 주로 사용하는 '깡'이라는 단어는 관용적으로 사용하는 표현입니다. 주로 '새우깡', '양파깡', '감자깡', '고구마깡' 등을 떠올릴 수 있습니다. 따라서, 이러한 단어들은 동종업자들에 의해 자유롭게 사용되는 상표이므로 식별력이 없어 상표 등록이 불가능합니다.

또한, 요식업계에서 식당 이름 뒤에 흔히 붙이는 '가든', '원', '장',

'각', '성'도 관용적 명칭에 해당합니다. 그 밖에 떡 업계에서 유명한 안동의 떡 '벙어리 찰떡', 낙지요리에 쓰는 '조방낙지', 콜드크림에 쓰는 'VASELINE', 숙박업에 쓰는 '관광호텔', '파크'도 관용표장에 해당합니다. 하나 더, 꼬냑에 사용하는 '나폴레온'은 보통명칭이 아니더라도 동업자들 사이에서 널리 쓰이므로 판례는 꼬냑에서의 '나폴레온'을 일반적으로 알려진 관용표장으로 보았습니다.

3) 상품의 성질이나 원산지를 그대로 표시한 경우

영문 'Super', 'Nice', 'Deluxe'와 같이 좋은 품질을 의미하는 동 단어는 상품의 종류와 무관하게 상표로 사용하는 경우 식별력이 없어 등록이 어렵습니다. 이는 상품의 성질, 구체적으로 품질을 표시하였기 때문입니다.

또한, '일품', 'KS', '청정', '유기농', '상', '중', 'A+++', '1등급' 역시 상품의 품질을 나타내는 단어이므로 식별력이 없습니다. 예를 들어, 우유에 대해서 유기농이라는 상표는 식별력이 없어 일 개인이 독점할 수 없는 단어이고, 가방에 Super라는 상표는 누구든지 사용 가능하지만 이 역시 독점할 수는 없습니다.

또한, 음식점을 영위하는 사람이 청진동해장국, 마산아구찜, 이동갈비, 춘천막국수 닭갈비 등을 사용하는 경우와 오징어에 울릉도오징어, 굴비에 영광굴비, 차에 보성녹차라는 상표를 사용하면 원산지 표기가 되어 상표 등록이 불가합니다.

상품의 효능을 나타내는 케이스로 마치 죽은 사람을 살릴 수 있을 정도로 물의 효능이 뛰어나다라는 의미의 '생명물', 굽이 높은 구두에 대해 '키높이' 등은 상표만 보고도 상품의 효능을 알 수 있으므로 성질표시 표장에 해당하여 상표 등록이 불가합니다. 또한, 샴푸나 화장품의 성분으로 포함된 'KERATIN', 비타민이 첨가된 두유에 대하여 '비타두유', 고량주에 '죽엽청주' 등을 사용하는 것은 원재료 표시에 해당합니다.

상품의 가공 방법 또는 사용방법을 상표로 사용하는 것도 식별력이 없어 등록이 불가능합니다. 예를 들어 햄을 상품으로 한 '훈제'라는 상표, 구두를 상품으로 한 '수제'라는 상표, 책상을 상품으로 한 '조립'이라는 상표를 사용하는 경우, 이는 상품의 성질을 나타낸 것이므로 식별력이 없습니다. 또한 신문을 상품으로 한 '조간'이나 '석간'이라는 상표, 약품을 상품으로 한 '식전'이나 '식후'라는 상표, 잡지를 상품으로 한 'AUGUST'라는 상표는 시기를 표시한 것이므로 식별력이 없습니다.

4) 현저한 지리적 명칭을 그대로 표시한 경우

일반적으로 시 · 군 · 구의 명칭은 식별력이 없습니다. 서울시, 부산시, 영등포구 등은 누가 어디에 쓰든 식별력이 없는 상표입니다. 뉴욕이나 파리 등도 마찬가지입니다. 그래서 파리바게트는 중국에서 자사의 상표 등록을 무효로 하는 판결을 받았습니다. 종로학원, 장충동 왕족발 등 현저한 지리적 명칭에 업종을 그대로 추가한 경우도 마찬가지입니다.

그 외 OXFORD, HEIDEBERG, MANHATTAN, GEORGIA, BRITISH-AMERICAN, JAVA, 홍천뚝배기 등은 현저한 지리적 명칭으로 지정상품을 무엇으로 하던 식별력이 없는 상표에 해당합니다. 또한, 판례는 핀란디아가 핀란드로, Fifth Avenue는 뉴욕시의 번화한 상점가를 가리키는 5번가로, 사리원면옥은 조선시대 유서가 깊은 곳이자 북한의 대표적 도시 중 하나로 인식된다는 이유로 식별력이 없다고 판단하였습니다. 이들 모두가 현저한 지리적 명칭에 해당한다고 본 것 입니다.

더불어, 유명한 산, 강, 섬, 호수인 백두산, 한라산, 금강산, 대청호, 영산강, 거제도, 나이아가라폭포도 현저한 지리적 명칭에 해당됩니다. 또한, 저명한 역사적 문화재로서 남대문, 경복궁, 불국사, 광화문은 문화재가 소재하는 지역을 이르는 현저한 지리적 명칭으로 보았습니다.

추가로, 현저한 지리적 명칭에 업종 명칭을 단순 결합한 텔레비전 방송업 충청방송, 냉면 가게 천진함흥냉면, 검도교육업 사단법인 한국해동검도협회는 여전히 식별력이 없는 것으로 보았습니다. 마지막으로, 특정지역의 옛이름, 애칭, 별칭은 지역명칭으로 현저하게 인식되는 경우 식별력이 없는 것으로 판단합니다. 빛고을(광주), 한밭(대전), 달구벌(대구), 제물포(인천) 등처럼 말입니다.

윤씨농방, 김노인, 마포상회, PRESIDENT, 사장, 김&박, 이&최 등은 흔히 있는 성 또는 명칭으로 식별력이 없습니다. 또한, '박상사', '김총장' 등 흔히 있는 성을 직위나 장소와 결합한 경우 등과 같이 개인의 성 뿐만 아니라 법인, 단체, 상호임을 표시하는 명칭은 등록이 어렵습니다.

그렇다면 '흔하다'라는 기준은 뭘까요? 우리 상표 심사기준은 현실적으로 다수가 존재하는 경우는 물론이고 관념상으로 다수가 존재하는 것으로 인식되고 있는 경우까지를 포괄합니다.

'가, 나, 金'처럼 하나의 음운으로 이루어진 한글이나 한자는 식별력이 없습니다. 예를 들면 신발에 대해 '취'라는 상표는 1자의 한글로 구성되어 있으므로 간단하고 흔한 표장에 해당하여 상표 등록이 불가합니다.

또한, 'ss, ar, AB, e'와 같은 2자 이하의 외국 문자도 식별력이 없고, 2자리수 이하의 숫자인 '12, 13' 등도 식별력이 없습니다.

다만, 'LG, CJ, GS, NH, KT, SK' 등은 실제 오랜 사용에 의하여 특정인의 출처표시로 직감되므로 예외적으로 식별력이 인정됩니다. 이는 독점적으로 오랜 기간 사용하여 수요자들에게 특정 회사의 출처표시로 인식된 경우라면 상표의 등록을 허용하는 것이 상표사용자와 수요자의 이익보호라는 상표법의 목적에 부합하기 때문입니다.

한가지 팁을 말씀드리자면, 간단하고 흔한 숫자의 조합이라 하더라도 '&'로 결합한 경우에는 예외적으로 식별력이 인정됩니다. 따라서, '3&7', '1&234'와 같은 상표는 등록이 가능하니 혹시 생각해두신 숫자상표가 있는데 식별력이 부족하다면 '&'로 연결하여 사용하는 것도 고려해보시기 바랍니다. 또한, 한글 1자와 영문자 1자가 결합된 경우로 W항(휴양업소, 미용업 등), N제(서적, 연필)도 식별력이 있으므로 등록이 가능합니다.

마지막으로 도형 상표인 경우, 흔히 사용되는 원형, 삼각형, 사각형, 마름모형, 卍, 삼태극 등과 이러한 도형 또는 무늬를 동일하게 중복하여 표시한 것은 식별력이 없는 것으로 봅니다. 단, 다른 도형 또는 무늬가 결합된 것 중에서 흔히 사용되는 것이라고 볼 수 없는 경우는 예외입니다.

간단하고 흔한 표장 사례

간단하고 흔한 표장이 아닌 사례

앞서 열거한 식별력이 없는 경우에 해당하지는 않지만 여전히 식별력이 없는 경우도 있습니다. 이러한 경우 기타 식별력이 없는 표장에 해당하여 상표 등록을 받을 수가 없습니다.

보통 출처표시로 인식되지 않거나 자유사용이 필요한 일반적인 구호, 광고문안, 표어, 인사말이나 인칭대명사 또는 유행어로 표시한 표장이 그것입니다. 예를 들어, 라벤더유, 스킨밀크 등의 지정상품에 '우린 소중하잖아요', 박물관 경영업에 'Believe IT or Not', 호텔업에 GOODMORNING 은 판례가 식별력이 없다고 판단하였습니다.

또한, 방송이나 인터넷 등에서 널리 알려진 방송프로그램 명칭이나 영화, 노래의 제목 등도 기타 식별력이 없는 경우에 해당합니다. 인기있는 예능프로그램 "나 혼자 산다", "미운 우리 새끼", "놀면 뭐하니?", "미스터트롯" 등을 다른 사람이 상표로 출원하는 경우 기타 식별력이 없는 경우에 해당하여 등록이 불가능합니다.

우리 주변에서 흔히 쓰이는 표현, 예를 들어 'http://, www, @'도 식별력이 없습니다. 따라서, '핸드폰'에 대해 'www'라는 상표를 출원한다면 기타 식별력이 없다는 이유로 등록이 거절될 것입니다. 그 외에도 특정업에서 자주 쓰는 표현은 식별력이 없는 것으로 취급합니다. 통신업의 CYBER, 자료제공업의 NEWS 등이 그 예입니다.

그렇다면, 위 자타 상품 식별력이 없는 상표(보통명칭, 관용 표장, 성질 표시 표장)는 상표 등록을 받을 길이 전혀 없는 것일까요? 그렇지는 않습니다. 우선, 자타 상품 식별력이 없는 상표에 디자인, 마크, 문자 등을 결합하여 등록을 받는 방법이 있습니다. 원래는 식별력이 없는 상표에 해당하였으나, 식별력이 있는 형태를 추가하여 식별력이 있는 상표로 인정되는 경우입니다.

위 상표는 소를 표상한 도형과 함께 하단에 '한우마을'이라는 문자가 결합된 상표입니다. 만약, 식당업에 대하여 '한우마을'만으로 출원을 했다면 지정서비스업인 식당업에 대한 성질표시를 나타내는 것으로 식별력이 부족하여 거절되었을 것입니다. 그러나, 상단에 도형을 추가하여 식별력을 인정받아 등록이 된 케이스입니다.

식별력을 고려한다면, 상표받기 가장 좋은 이름은 조어입니다. 어디에도 없던 새로운 이름이므로 식별력이 존재하고 유사한 등록상표도 없을 가능성이 큽니다. 'Google'이 대표적인 예가 되겠네요. 또는 다른 업종에서 흔히 쓰이는 이름을 차용해 오는 것도 좋습니다. '애플컴퓨터'가 '애플'이라는 이름을 차용해 온 것도 좋은 전략입니다.

마지막으로 사업과 어느 정도의 관련성을 가지고 있는 용어를 사용하는 것도 좋은 방법입니다. 소비자에게 쉽게 이름을 기억시킬 수 있기 때문입니다. 다만, 지정상품의 성질 등을 직감시키는 것이 아니라 암시하는 정도에 그쳐야 등록을 받으실 수 있기에 상표의 선정이 까다롭습니다. 필자가 담당한 고객 중 화장품과 관련된 '슈퍼셀'이라는 상표를 등록하신 분, 귀리를 사용한 다이어트와 관련된 '귀리어트'라는 상표를 등록하신 분, 한의원에서 쓰는 '균형단'이라는 상표를 등록하신 분이 기억에 남습니다.

슬로건은 상표로 등록 받을 수 있을까?

다들 애플의 기업 슬로건 'Think Different(다르게 생각하라)'를 들어 보셨나요? 애플의 공동창업자인 스티브 잡스는 1997년 애플에 복귀하면서 'Think Different' 문구를 이용한 대대적인 광고 캠페인을 펼쳤습니다. 이후 애플의 TV 광고와 출판물, 매킨토시 등의 애플 제품을 홍보하는 곳에서는 어김 없이 이 슬로건을 볼 수 있게 되었습니다.

이처럼 기업 슬로건은 기업의 핵심 가치이자 정체성을 나타내는 표어입니다. 대중들에게 그 호소력이나 파급력은 매우 큰데요. 이는 인간이 전적으로 논리적인 판단만을 하는 것이 아니라 정서에 의해서 움직이는 면도 적지 않기 때문입니다. 기업 슬로건의 중요성이 날로 증대됨에 따라 슬로건을 상표로서 등록하여 보호하고자 하는 것은 당연한 일입니다. 애플 역시 1997년 'Think Different'를 미국에서 상표 등록한 후 최근 상표 등록을 갱신했습니다(미국도 우리나라처럼 10년마다 상표 등록을 갱신해야합니다).

한가지 눈에 띄는 부분은 상표 등록 범위가 기업과 컴퓨터 분야에만 한정적으로 적용되는 것에서 벗어나, 애플의 새로운 성장 동력인 애플워치와 애플페이, 아이패드, 애플TV, 시리 등으로 적용 범위가 크게 확대됐다는 점입니다. 이는 자칫 애플의 역사적인 슬로건을 타회사가 무분별하게 사용하는 것을 막으려는 조치로 보여집니다.

다른 예를 들어보도록 하죠. 나이키의 'JUST DO IT'은 누구나 알고 있는 슬로건입니다. 나이키는 국내에서 이 슬로건을 상표로 등록 받기 위해 수년간 공을 들입니다. 나이키는 2006년 및 2009년 두 차례에 걸쳐 제25류의 의류에 대해 상표 'JUST DO IT'을 등록하려 했으나 실패했습니다. 이후 2011년에 나이키 로고를 결합하여 등록 받은 데 성공했고 2013년도에 비로소 로고가 없는 순수 슬로건 문자만으로 등록을 받게 됩니다. 아마 상표 자체로 식별력이 없어 등록이 불가능했을 상표가 오랜 사용에 의해 수요자들에게 유명해져 가능해진 경우입니다.

이렇게 기업이 자사의 슬로건을 상표로 등록 받기 위해 지속적으로 노력한다는 것은 그만큼 슬로건이 기업에 미치는 영향이 매우 크다는 반증입니다. 그렇다면, 슬로건이 상표로 등록 받거나 받지 못하는 조건은 무엇일까요? 그 이유를 상표법 조항에서 살펴보도록 하겠습니다.

상표법 제33조 제1항 제7호는 '수요자가 누구의 업무에 관련된 상품을 표시하는 것인가를 식별할 수 없는 상표는 등록을 받을 수 없다'고 말하고 있습니다. 수요자가 누구의 업무에 관련된 상품을 표시하는 것인가를 식별할 수 없는 상표는 등록을 받을 수 없다는 것이죠. 수요자가 '누구의 업무에 관련된 상품을 표시하는 것인가를 식별할 수 없는' 경우란 법문 상 어떤 의미일까요?

상표 심사 기준은 구체적으로 출처 표시로 인식되지 않거나 자유사용이 필요한 일반적인 구호(슬로건), 광고 문안, 표어, 인사말이나 인칭대명사 또는 유행어로 표시한 표장을 본호에 해당하는 것으로 봅니다.

지정상품	상 표	지정상품	상 표
라벤더유, 스킨밀크	우린 소중하잖아요 (2004후912)	박물관경영업	Believe IT or Not (1994후173)
호텔업	GOODMORNING (2004허6239)	교과서출판업	Be Smart (2007허975)

일반적인 구호 등으로 식별력이 없는 표장 사례

다만, 일반적인 구호를 넘어 출처 표시로 인식되는 경우는 본호에 해당하지 않는 것으로 봅니다. 즉, 자유사용이 필요한 일반적인 구호로 볼 것인지 아닌지에 따라 달라집니다.

하나의 사례로, 샘표 주식회사는 2017년에 '맛으로 떠나는 여행'을 29류와 30류의 식품 등에 등록했습니다. '맛으로 떠나는 여행'. 처음 들어보는 말이면서도 상상력이 돋보입니다. 이러한 문구는 다른 사람들도 꼭 사용해야 할 기술적 표장에 해당할 가능성이 낮고, 출처 표시로서 인식될 가능성은 상대적으로 높아 등록이 된 것으로 보입니다.

2015년 우아한 형제들은 상표 '다 때가 있다'를 24류 때밀이 타월 등에 등록했습니다. 참으로 독창적이고 센스 있는 문구가 아닐 수 없습니다. 이는 수요자들의 인식에 깊게 각인 되는 동시에 제품의 판매 효과를 톡톡히 보게 만드는 상표입니다. 따라서, 슬로건에 독창성이 엿보인다면 상표 등록을 시도해볼만 합니다.

선행상표 피하기

≫

선행상표조사는 유사한 선행상표가 존재하는지를 파악하기 위해 상표 출원 전 꼭 거쳐야 하는 절차입니다. 등록을 원하는 식별력 있는 이름을 생각해냈다면 유사한 상표가 존재하지 않는다는 것을 확인해야 합니다. 그래야 출원 후 등록을 받을 수 있습니다.

그러므로 브랜드를 런칭하거나 상표를 출원하기에 앞서 해당 상표가 등록이 가능한지 미리 검토하는 과정이 필수입니다. 이를 생략하고 출원하여 결국 등록이 이르지 못했을 때 발생하는 시간적, 비용적 측면은 온전히 출원인이 감당해야 하기 때문입니다.

특히, 선행상표조사를 할 때 유사한 선행 상표가 존재한다면 상표 등록에 치명적이므로 이를 반드시 회피해야 합니다. 또한 저명 상표의 경우 이종업종에 대해서도 등록이 불가능하다는 사실을 유념하여야 합니다.

즉, 다른 사람이 내가 등록 받기를 희망하는 상표와 동일하거나 유사한 상표를 동일업종 또는 유사업종에 대하여 먼저 출원하여 등록 받았다면 등록이 불가능합니다. 상표법은 선출원인 또는 선등록 상표권자의 이익을 보호하고, 수요자들이 상표출처에 혼동을 가지는 것을 방지하기 위해 이와 같이 규정하였습니다.

예를 들면, 프랑스 명품 브랜드 CHANEL은 가방을 비롯한 의류, 악세서리 등 광범위한 패션 분야에 이미 등록되어 있으므로, 제3자가 가방을 지정상품으로 정해 알파벳 N을 덧붙여 CHANNEL을 출원하더라도 선출원된 샤넬의 상표 때문에 등록 받을 수 없다는 의미입니다. 그밖에 수없이 많은 상표들이 유사한 선행상표의 존재로 인해 거절되었습니다.

거절	선등록	거절	선등록
HAEBALAGI	SUN FLOWER	4계절	FOUR SEASONS
제40-2008-0000458호	제40-2008-0414462호	제40-2008-0025497호	제40-0590506호
큰집	BIG HOUSE	빛나리	빛나라
제40-2006-0051210호	제40-0618792호	제40-2005-0019163호	제40-0472659호
푸른숲 음이온	푸른숲속	참빛코리아	참라이트
제40-2005-0017208호	제40-0408946호	제40-2004-0049667호	제40-0301000호

앞의 사례를 보면 선등록된 상표와 발음이 비슷한 경우 외에도 외관이나 관념이 비슷한 경우까지 거절된 것을 알 수 있습니다. 한편, 돼지갈비 무한 리필 음식점인 '명륜진사갈비'는 전국적으로 500여 개의 점포를 모집할 정도로 규모가 있는 프랜차이즈 업체입니다. 명륜진사갈비 측은 2017년부터 '명륜진사갈비' 상표를 등록 받기 위해 출원신청을 하였으나 2001년 등록된 '명륜등심해장국' 상표와 유사함을 이유로 등록이 거절되었습니다.

특허청에서는 선행 상표인 명륜등심해장국과 명륜진사갈비의 칭호가 유사하다고 판단하여, 명륜진사갈비 상표가 등록 받을 수 없다고 판단한 것입니다. 현재 '명륜진사갈비'는 해당 브랜드를 상표 등록 받지 못하여 소송에 휘말려 있으며, 법원 판단에 따라서는 상호를 바꿔야할 수도 있는 상태입니다.

다른 사례로 2016년 '걸작떡볶이 떠먹는 국물'이 상표로 출원되었으나, 2013년 등록된 '걸짝' 상표와 유사함을 이유로 거절된 사례가 있습니다. '걸작떡볶이 떠먹는 국물' 상표의 출원인은 위 거절에 대해 2017년 거절결정 불복심판을 제기하였으나 기각심결을 받았고, 위기각심결에 대해 심결취소소송을 제기하였으나 패소판결을 받았습니다. 특허법원은 출원상표인 '걸작떡볶이 떠먹는 국물'의 '걸작' 부분이 '걸짝'으로 발음되어 기존의 선행 등록 상표와 호칭이 동일하다고 판단했습니다. 결국, '걸작떡볶이 떠먹는 국물' 상표는 등록 받을 수 없게 되었습니다.

그러므로 모든 상표가 다 등록 받을 수 있는 것은 아닙니다. 출원인이 등록 받고자 하는 상표와 동일하거나 유사한 상표가 이미 출원되어 있거나 등록되어 있다면 등록이 어렵습니다. 양 상표가 비슷하여 수요자가 상표의 출처를 오인하거나 혼동할 수 있기 때문입니다. 또한, 표장에 식별력이 없거나 특정인이 상표를 독점하도록 허용하는 것이 적절치 않은 경우도 있는데요. 상표법 상 다양한 이유로 상표의 등록이 거절되는 경우가 빈번하게 발생합니다. 따라서 상표가 등록이 될지 불확실한 상황 속에서 무턱대고 상표를 골라 제작하고 출원하는 일은 매우 위험합니다.

이러한 위험 부담은 선행 상표 조사로 해결할 수 있습니다. 이는 상표의 등록 가능성을 여러가지 측면에서 검토하여 미리 예측하는 조사입니다. 이는 출원 전에 필수적으로 거쳐야 하는 과정이기도 하죠. 선행 상표 조사는 개인이 조사할 수도 있고, 특허사무소로 의뢰할 수도 있습니다.

상표 등록에 실패했을 경우 발생하는 손실을 고려할 때, 바람직하게는 브랜딩 단계에서, 늦어도 상표를 출원하기 전까지는 선행상표 조사를 수행해야 합니다. 상표를 선행 조사할 때는 출원자가 등록 받으려는 상표가 유사 업종에 이미 출원 또는 등록되었는지, 상표 자체로서 식별력이 있는지를 따집니다. 이는 상표법에 열거된 출원 상표의 거절 이유에 상응합니다.

보통 개인이 선행 상표 조사를 하는 경우 키프리스라는 사이트를 이용합니다. 특허청이 보유한 특허, 상표, 국내·외 지식 재산권 등을 무료로 검색할 수 있는 특허정보 검색 서비스인데요. 해당 사이트를 통해 선출원된 상표들을 쉽게 조사할 수 있습니다. 그러나 상표가 식별력이 있는지, 그리고 선출원된 상표와 유사한지 여부는 개인이 자체적으로 판단하기 어려운 점이 있습니다. 또한 등록하려는 상표와 유사한 상표가 존재할 때 표장의 일부를 수정하거나 지정상품의 일부를 삭제하는 등의 방법으로 상표 등록이 가능하다는 것을 모르는 경우도 많습니다. 이를 알지 못해 번거롭게 다른 상표를 또 다시 선택하여 제작하는 수고로움을 감수하죠. 전문가가 아닌 일반인들이 상표법에 대해 자세히 알기는 어렵기에 선행 상표 조사를 자체적으로 했더라도 그 정확도가 떨어질 수 있습니다.

만약 출원하려는 상표가 먼저 등록된 유사 상표로 인해 등록이 불가능할 것 같다면 바로 포기해야 할까요? 그렇지 않습니다. 전략을 바꾸면 됩니다. 등록을 원하는 상표가 선행상표와 어떤 부분이 유사한지를 살펴보고, 유사한 부분만 약간 수정하는 방법으로 등록 가능성을 높일 수 있습니다. 혹은 유사한 선행 상표의 등록 과정이나 사용에 문제가 없는지 검토한 후 무효 사유나 취소 사유가 있다면 심판을 통해 선행 상표를 소멸시킬 수도 있습니다.

그러므로, 상표를 출원하기 전 선행 상표 조사를 전문가에게 의뢰하여 등록 가능성을 파악하고, 출원 전략을 세우는 것이 중요하겠습니다.

남의 상표를
사용하고 싶다면 05

선점된 상표 사용법

≫

너무나 사용하고 싶은 브랜드명이 생겼다고 가정해보겠습니다. 그런데 상표검색을 해보니 똑같은 이름의 상표가 이미 등록되어 있다면 포기해야 할까요?

우리 상표법은 앞서 잠깐 설명한 것처럼 불사용 취소심판이라는 제도를 두고 있습니다. 상표법 제119조 1항 3호는 '상표권자 · 전용사용권자 또는 통상사용권자 중 어느 누구도 정당한 이유 없이 등록 상표를 그 지정상품에 대하여 취소심판청구일 전 계속하여 3년 이상 국내에서 사용하고 있지 아니한 경우' 상표 등록의 취소심판을 청구할 수 있도록 하고 있습니다. 쉽게 말해서 상표 등록 후 3년 이상 상표가 사용되지 않는 경우, 누구든지 그 상표에 대해 취소심판을 제기해서 취소시킬 수 있다는 것입니다.

그렇다면 왜 이런 규정이 생긴 것일까요? 우리 상표법은 등록주의를 원칙으로 합니다. 이는 상표의 사용 여부와 관계 없이 상표 등록을 기준으로 상표권을 발생시킵니다. 그렇다보니 등록만 받은 채 사용하지 않은 상표가 많아 다른 사람들이 상표를 선택할 기회를 박탈할 수 있습니다.

이러한 단점의 극단적인 케이스가 바로 상표 브로커의 활동입니다. 상표 브로커들은 활발히 사용 중인 브랜드가 등록되지 않았다면 몰래 상표를 출원하여 등록 받습니다. 주로 경제적 이득을 취하기 위해 활동하는 경우가 많습니다. 우리 법제하에서는 상표 등록 시 상표 사용을 요건으로 하지 않기 때문에 브로커들이 사회적 문제가 되고 있는 것입니다.

대기업의 경우 새로 출시할 제품의 브랜드의 권리 범위를 최대한 넓게 확보하고자 실제 사용하지 않은 업종까지 광범위하게 등록을 하는 경우가 많습니다.

더불어, 상표권은 10년마다 갱신할 수 있어 영구적으로 소유할 수 있습니다. 때문에 10년 전에는 활발하게 사용하던 상표가 지금은 전혀 사용되고 있지 않지만 갱신을 통해 권리를 유지하고 있는 상표가 상당합니다.

이러한 연유로 상표로 선택할 수 있는 어휘는 어느정도 한정되어 있습니다. 때문에, 상표 선택의 기회를 넓히고 등록주의의 단점을 보완하기 위해 불사용 취소 심판 제도를 두고 있는 것입니다. 따라서, 유사한 선행상표로 인해 원하는 상표의 등록이 어려울 것 같다면 선행상표가 사용되고 있는지도 확인해볼 필요가 있습니다.

한때 국민 게임이었던 '애니팡(Anipang)'이 있었습니다. 이 '애니팡' 게임은 선데이토즈란 회사에서 개발한 퍼즐 게임으로 1000만 번이상 다운로드될 만큼 선풍적인 인기를 끌었습니다. 선데이토즈 회사에서는 '애니팡'이라는 브랜드를 보호하기 위해 상표 출원을 하였으나, 굿앤조이라는 회사의 기존 등록 상표 'Ani-Pang'으로 인하여 거절되었습니다. 다만, 굿앤조이는 'Ani-Pang' 상표를 등록 후 사용하지 않았고, 선데이토즈에서는 이를 이유로 굿앤조이 회사에 불사용 취소심판을 제기하였습니다. 2012년부터 4년간의 분쟁이 진행된 결과, 굿앤조이의 등록 상표인 'Ani-Pang'은 취소 및 무효되었고, 선데이토즈 회사는 '애니팡(Anipang)' 상표를 등록 받을 수 있었습니다.

그러므로 임자 있는 상표를 사용하고 싶으시다면, 상표권자가 해당 상표를 현재 사용하는지 먼저 확인하시는 것이 좋습니다. 그렇다면 사용 여부 확인은 어떻게 할 수 있을까요?

상표의 사용 여부를 전문적으로 조사하는 기관에 의뢰하여 정확한 결과를 받아볼 수 있습니다. 보통 의뢰 비용이 발생하고 결과를 받기까지 적어도 일주일 정도의 시간이 걸립니다. 비용과 시간이 부담스럽다면 직접 알아보는 수밖에 없습니다. 요즘처럼 휴대폰 하나로 다양한 정보를 바로 얻을 수 있는 시대에서 상표 사용 여부를 검색하고 확인하는 것은 그리 어려운 일이 아닙니다. 먼저, 포털 검색 사이트에서 등록 상표가 부착된 제품이 판매되고 있는지 상표명을 검색해봅니다.

그러나 아무리 검색해도 해당 상표가 검색 되지 않을 수 있습니다. 그렇다면 상표권자를 검색해야 합니다. 개인이라면 확인이 어렵겠지만, 법인이라면 회사 홈페이지가 별도로 있는지를 봅니다. 홈페이지에서 제품 판매가 과거에 이루어졌는지. 현재 사업이 진행 중인지 등을 파악합니다. 만약 홈페이지를 통해서도 확인이 되지 않는다면 상표를 사용하지 않았을 가능성이 비교적 높습니다. 그러나 온라인상으로만 검색하는 것은 한계가 있습니다. 오프라인으로 판매할 가능성을 배제할 수 없기 때문입니다. 이 경우 상표권자 이름으로 주소 및 연락처가 검색된다면 실제 해당사업체가 있는지, 있다면 제품 판매가 이루어지고 있는지를 직접 전화해서 그 여부를 확인해볼 수 있습니다.

이런 방법들이 개인이 비용을 들이지 않고 간단하게 상표 사용 여부를 확인할 수 있는 방법입니다. 만약, 현재 상표가 부착된 상품이 활발히 판매 중이라면 상표 사용 여부가 확인된 것이니 아쉽지만 상표권 획득을 위한 다른 방법을 고민해야 합니다. 경우에 따라서는 상표권자와 양도 협상을 하거나 사용권 계약을 맺을 수도 있습니다. 반대로 상표의 사용에 관한 사용 증거자료를 발견하지 못하였다면 원하는 상표를 쓸 수 있는 가능성이 높아집니다. 이제부터는 보다 정확도 높은 조사를 위해 전문기관에 의뢰하여 결과를 받아본 후 취소심판을 청구할지, 아니면 바로 취소심판을 청구할지를 결정해야할 시기입니다.

취소 심판이 청구되는 경우 사용에 대한 입증 책임은 심판 청구인이 아닌 상표권자에게 있습니다. 상표의 사용 사실 여부는 상표권자가 가장 잘 알기 때문입니다. 덕분에 취소 심판을 걸어놓고 반응을 살펴보는 것도 좋은 전략입니다. 사용 사실에 대한 입증 책임은 온전히 상표권자에게 있습니다. 만약 상표권자가 심판 청구에 대해 무대응하는 경우 무조건 취소심결이 나게 되어 있습니다. 필자의 경험상 취소 심판의 절반 이상에서 상표권자가 증거자료를 제출하지 않아 단기간에 취소처리가 되는 편입니다.

사례로 살펴보는 등록 불가 이유

미등록된 유명 상표와 유사한 상표를 등록할 수 있을까 - 소녀시대 케이스

에스엠 엔터테인먼트(이하 에스엠)는 1995년 설립된 이래 음반제작, 유통, 판매, 연예대행업 등을 주로 영위하는 국내 유명 연예 기획사입니다. 소속 연예인으로는 동방신기, 슈퍼주니어 등이 있습니다. 2007년 8월에 해당 소속사를 통해 데뷔한 소녀시대는 9인조 여성 그룹입니다.

소녀시대는 데뷔 하자마자 신인상을 휩쓸었습니다. 2008년에는 최고 가수상까지 수상하며 국내 최고 걸그룹으로 각광받았죠. 소녀시대는 2007년부터 2009년까지 약 2년간 다양한 음악 공연, 텔레비전과 라디오 등 다수의 방송 프로그램에도 출연하였습니다. 높은 인지도를 바탕으로 의류, 식품, 디지털 가전 등 다양한 상품의 광고 모델로 활동하기도 했습니다.

그러나 2009년 2월, 누군가 걸그룹 소녀시대와 연관성이 없어 보이는 놀이 용구, 식음료 제품들을 지정하여 '소녀시대'라는 상표를 등록하였습니다. 에스엠은 이 사실을 알고, 해당 상표 등록에 대한 무효심판을 청구하면서 음반, 음원, 가수공연업 등과 관련하여 수요자에게 걸그룹 소녀시대의 상표로 널리 알려져 있다고 주장했습니다. 해당 상표를 사용하는 경우 소녀시대나 소녀시대와 관련이 있는 자에 의하여 사용되는 것이라고 오인할 염려가 있다는 이유였습니다. 이에 등록권리자는 선사용 상표의 업종과 서로 유사하지 않고 경제적 견련 관계도 밀접하지 않아 수요자를 기만할 염려가 있다고 보기 어렵다고 반박했습니다.

이에 대해 특허심판원 및 법원을 거쳐 대법원은 결국 소녀시대 측의 손을 들어줬습니다. 그 이유는 지정 상품이 다르더라도 선사용상표의 인지도로 소녀시대라는 표장이 관계 거래자 이외에 대중에게 널리 알려져 명성을 획득했기 때문입니다. 따라서 해당 상표를 다른 종류의 상품들에 대해 사용하더라도, 저명한 상표권자와 특수한 관계에 있는 자가 생산하거나 판매하는 것으로 인식되어, 수요자들이 출처를 혼동할 우려가 있다는 근거입니다.

대기업들은 이런 상황을 사전에 방지하기 위해 당장 사업계획이 없는 업종까지 포괄적으로 등록을 받고 있습니다. 심판 및 소송까지 가기 전에 보다 더 저렴한 비용으로 넓은 권리 범위를 확보할 수 있기 때문입니다. 또한 상표를 등록하려는 사람은 상표가 등록 되어 있지 않다고 하더라도 상표가 매우 유명하다면 유사한 상표의 등록이나 사용이 제한될 수 있음을 유념해야 합니다.

공서양속에 반하는 상표는 등록할 수 없다 - 클래시 오브 클랜

만약 욕설 'xx' 혹은 'fuck'를 상표로 출원한다면 과연 등록이 가능할까요? 만약 등록이 가능하다면 위와 같은 욕설을 국가 차원에서 보호하는 이상한 상황이 벌어지므로 당연히 등록될 수 없을 것입니다. 그렇다면, 특허청은 무슨 근거로 위 문구들의 등록을 거절할까요?

현재 상표법 제34조 제1항 제4호는 '상표 그 자체 또는 상표가 상품에 사용되는 경우 수요자에게 주는 의미와 내용 등이 일반인의 통상적인 도덕관념인 선량한 풍속에 어긋나는 등 공공의 질서를 해칠 우려가 있는 상표에 대해 등록을 허용하지 않는다'라고 말합니다. 따라서 욕설은 출원을 하더라도 위 조항에 의해 등록 받을 수 없습니다.

또한, 위 조항에 따르면 단순 욕설이 아니라 선량한 풍속에 어긋나거나 공공의 질서 등을 해칠 우려가 있는 상표 역시 등록 받을 수 없는데요. 이는 2015년 중국 베이징고급인민법원의 클래시오브클랜 판결로 살펴볼 수 있습니다.

핀란드의 Super Cell이 개발한 모바일 게임 클래시오브클랜(CLASH OF CLANS)은 전세계적으로 열풍을 일으켰습니다. Super Cell은 중국에서 자신의 상표를 보호하기 위해 CLASH OF CLANS 및 하단 그림을 게임기에 상표로 출원했는데요. 중국 상표국은 이 상표의 의미를 '부족 충돌'로 보아 부정적인 영향이 발생할 가능성이 있다며 상표의 등록을 거절하였습니다.

이후, Super Cell은 심판 단계, 베이징 IP 법원(1심)을 거쳐 북경고급인민법원(2심)에까지 상소를 제기했습니다. 그러나 고급인민법원은 상표법 제10조 제8항(사회주의 도덕 관례를 저해하거나 기타 부정적 영향을 미치는 상표는 등록할 수 없다)을 이유로 2015년 7월에 등록을 거절하였습니다. 또한 고급인민법원에서는 '해당 표장이나 구성 요소가 중국의 정치, 경제, 문화, 종교, 민족 등의 사회 공공이익과 공공질서에 부정적 영향을 미치는지를 고려해야 하고, 이에 해당하는 표장은 기타 부정적 영향을 지닌 것으로 간주한다'라고 말했습니다. 이어서, '본 상표의 영문 부분인 CLASH OF CLANS를 번역하면 '宗族冲突(종족 충돌)'이라는 의미가 되므로 중국의 문화, 종교, 민족적 측면에서 사회 공공이익과 공공질서에 부정적인 영향을 미치기 쉽다'라고 했습니다. 결국 Super Cell의 CLASH OF CLANS은 중국에서 상표등록을 받을 수 없었습니다.

우리나라를 포함한 일본, 미국, 호주, EU 등 다른 국가에서는 CLASH OF CLANS가 상표로 문제없이 등록 받았는데, 중국에서만 유독 거절한 이유가 무엇일까요? 바로 중국이라는 국가의 특수성 때문입니다. 중국은 56개 민족으로 구성된 다민족 국가로, 일부 소수민족이 생활하는 지역은 근대까지 중국 영토에 편입되지 않던 곳들입니다. 일부 지역에서는 여전히 분리, 독립 운동이 진행 중이기 때문에 중국 당국에서는 이와 같은 움직임에 대해서 매우 민감하게 받아들여 엄격하게 제한하고 있습니다. 따라서 중국에서는 종족 충돌로 번역되는 CLASH OF CLANS 상표를 허용할 수가 없었던 것입니다. 그러므로 해외로 상표를 출원하는 경우에는 특정 국가에서 금기시되는 표현은 없는지 고려해야 합니다.

따라서, 해외로 사업을 진출할 때는 각국의 사정을 잘 알고 있는 현지 업체를 통해 네이밍을 하는 것을 추천합니다. 특히, 중국은 자국민을 보호하는 경향이 강하기 때문에 중국 진출을 염두로 네이밍할 때는 중국 선행상표조사 등을 필수적으로 수행하는 것을 추천합니다.

외국 기업이 중국에 진출하는 경우에 브랜드명을 중국어로 바꾸는 경우가 자주 있습니다. 이러한 중국식 네이밍의 대표적인 예로는 코카콜라 사례가 있습니다. 처음, 코카콜라는 발음만을 고려하여 커커컨라(蝌蝌啃蠟)라고 이름을 지었습니다. 그러나, 해당 브랜드명은 '올챙이가 양초를 씹는다'라는 의미로 해석되어 중국인들에게 전혀 매력적이지 않았습니다. 이에 코카콜라 측은 '입에 맞고 즐겁다'라는 뜻의 커카커러(可口可乐)로 상표를 변경하였습니다. 결국, 변경된 상표는 발음, 의미 측면에서 모두 매력적으로 다가와 중국에서 성공한 네이밍으로 손꼽히고 있습니다.

고인의 명예를 해치는 상표는 등록 받을 수 없다

고인이 된 유명인 성명과 관련한 상표 분쟁이 늘고 있습니다. 성명이나 초상 등의 지식재산권인 퍼블리시티권에 대한 사회적 인식이 높아지고 있기 때문인데요. 유명인 이름을 상표로 등록하는 것은 사례마다 달라 출원 시 각별한 주의가 필요합니다.

현행 상표법은 저명한 고인의 이름인 경우와, 저명한 유명인의 이름인 경우로 크게 나누어 등록 기준을 다르게 하고 있습니다. 이와 관련해서는 앞서 나온 제임스딘 속옷의 경우와 백남준 미술관의 사례를 봐주세요.

외국 유명상표와 유사한 상표는 등록 받을수없다

북미지역 유명 호텔업체인 페어몬트(Fairmont)는 'Fairmont'를 호텔업을 지정서비스업으로 하여 1992년에 상표 등록을 마쳤습니다. 한편, 영원아웃도어는 2017년 'Fairmont'라는 상표를 의류업으로 등록했습니다.

그러자 페어몬트는 2017년 등록무효심판을 청구하며, "영원아웃도어가 등록한 상표는 우리가 등록한 상표와 동일하거나 유사해 페어몬트의 명성에 편승해 부당한 이익을 얻으려 하는 것"이라고 주장하였습니다.

특허심판원이 "페어몬트가 등록한 상품과 영원아웃도어의 상표는 (등록 업종이 달라) 경제적 견련관계가 없어 수요자를 기만할 염려 및 부정한 목적이 있다고 보기 어렵다"며 무효심판을 기각했지만, 항소심인 특허법원은 해외 유명 호텔업체 상표와 유사한 상표를 국내 의류업체가 의류업 상표로 지정·등록한 것은 무효로 해야 한다고 판결하였습니다. 유명 호텔의 이미지에 편승해 부당한 이익을 거두려 한다는 이유였습니다.

재판부는 "페어몬트는 세계 77개국에 호텔과 리조트를 보유하고, 86개국에서 상표권 또는 서비스표권을 등록했다"며 "또 1999년부터 페어몬트 상표가 부착된 셔츠와 모자, 샤워가운, 실내용슬리퍼 등을 호텔 내 매장에서 판매해왔고 2007년부터는 온라인스토어를 개설해 이를 판매하고 있다"는 점을 인정했습니다. 그러면서 "영원아웃도어가 등록한 상표와 페어몬트가 등록한 상표는 외관과 호칭이 동일·유사한데, 북미 지역 등에서 잘 알려진 이 상표를 영원아웃도어 측이 우연한 기회에 스스로 창작해 냈다고 보기는 어렵다"고 하였습니다.

결국 재판부는 "두 상표가 유사한데다 영원아웃도어가 상표 지정업으로 등록한 의류는 페어몬트가 판매하는 셔츠, 모자, 샤워가운 등 주요 수요층이 서로 중복되므로 수요자들이 두 회사의 제품이 서로 관계가 있는 것으로 오인할 우려가 있다"면서 "페어몬트의 이미지나 고객 흡인력에 편승해 부당한 이익을 얻으려는 부정한 목적으로 출원된 것으로 볼 수 있어 영원아웃도어의 상표 등록은 무효"라고 판시했습니다.

이처럼 해외에서 유명한 상표를 국내에서 제3자가 출원하는 경우 심사 중에 발견된다면 거절되거나, 등록 후에 발견되는 경우 무효가 될 수 있는 위험이 있으니 주의를 요합니다.

저명상표와 혼동될 수 있는 상표는 등록 받을 수 없다

저명 상표란 다른 업종의 수요자들에게 널리 알려진 상표를 뜻합니다. 일반적으로 고가의 외국 명품 브랜드부터 아디다스, 나이키 등 대중적인 브랜드까지 주변에서 쉽게 찾아볼 수 있습니다.

저명상표는 혼동을 일으키게 하는 것 뿐만 아니라 식별력이나 명성을 손상할 우려가 있는 상표의 등록까지 배제함으로써 제도적으로 강력히 보호됩니다. 특히 여기서 주목할만한 부분은 동일 또는 유사한 상품 및 서비스를 포함해 이종의 상품 및 서비스에도 등록이 배제된다는 점입니다. 상표의 연관성이 오해를 불러일으킬 우려가 있기 때문이죠. 따라서 널리 알려진 상표 샤넬은 이종 업종인 전자제품에도 사용할 수가 없습니다. 이는 저명한 상표에 대한 일반 수요자들의 기대와 그로 인해 파생되는 상표의 재산적 가치를 강력하게 보호하는 것이죠.

그렇다면 이렇게 강력하게 이종 업계에서도 그 권리를 보호 받는 저명상표의 판단기준은 무엇일까요? 안타깝게도 그 기준은 아직 명확하게 정해져 있지는 않습니다. 판례를 통해 그 기준을 어느 정도 가늠해 볼 수 있을 뿐입니다. 현재는 상표 사용 기간, 사용지역의 범위, 매출 및 시장 점유율, 광고와 홍보, 라이선스, 소비자의 인지도 등을 종합적으로 검토하여 명성을 판단하고 있습니다.

저명상표로 인정된 상표는 어떤 것들이 있을까요? 법원에서는 디즈니 사의 '미니 마우스'에 대해 1990년 경 전세계 약 3000개가 넘는 라이센시에 의해 상품화 사업이 진행되고 있고, 1992년에는 상표 또는 캐릭터의 로열티로서 우리나라에서 약 10억 원 이상의 매출액을 올리고 있으므로 '미니 마우스'가 저명 상표에 해당한다는 취지로 판단하였습니다. 또한, 법원은 LG그룹이 광고 선전비로 2006년까지 평균 300억 원의 비용을 지출하고 있고, 1999년 매출액은 약 10조에 해당하므로 'LG' 표장은 저명한 대기업의 상호를 지칭하는 표장이라고 볼 수 있다고 판단하였습니다.

반면에, 해열진통제로 유명한 '타이레놀'은 1998년까지 약 5년간 50억에 해당하는 금액을 광고비로 지출하였지만, 법원은 '타이레놀'이 저명상표라고 보기는 어렵다고 판단하였습니다. 물론, 1998년 당시를 기준으로 저명성을 판단하였으므로, 현재의 판단은 달라질 수도 있으나 저명성을 인정받기가 쉽지 않은 것을 확인할 수 있습니다.

한편, 중국에서는 '저명상표'라는 제도로서 대중에게 널리 알려져 있고 높은 명성과 신용을 담고 있는 상표를 별도로 보호하고 있습니다. 일반적인 상표보다 더욱 보호하는 법적 장치로서, 저명상표로 등록되면 비유사 상품에까지 등록 및 사용을 금지시킬 수 있으므로 강력한 권리를 가질 수 있습니다. 국내 기업 중에서는 삼성, LG 등의 브랜드가 중국에서 저명 상표로 인정받았고, 최근 정관장 브랜드도 중국에서 저명상표로 인정받았습니다.

2010년 대법원에서 지정상품이 서적, 신문, 잡지 등인 '토플러스'가 TOEFL 시험과 관련하여 일반 수요자들로 하여금 출처 표시에 오인 또는 혼동을 가져올 염려가 있는 상표라 판단했습니다. 즉, TOEFL을 저명한 상표라고 인정하였기에, 이와 비슷한 이름을 가진 토플러스는 결국 상표 등록을 받을 수 없게 되었습니다.

뿐만 아니라 안경 업체인 월마트 안경이 대규모 할인 업체의 Wal-Mart와 유사하다고 인정되어 등록이 무효화 되었습니다. 재판부는 안경 수리업과 할인점업이 유사하지 않지만, 경제적 견련성을 인정하여 안경수선업 등록 상표가 상표법 상 무효로 되어야 한다고 판시했습니다. 마찬가지로 마이크로 프로세스 제품으로 널리 알려진 인텔(Intel)로 인해 통신공사업 등을 그 지정 서비스업으로 한 윈텔시스템(WINTEL SYSTEM)도 등록되지 못하였습니다.

이처럼 저명상표에 대한 보호범위는 일반 상표에 비해 더욱 확장된 형태를 보입니다. 저명상표의 지정상품과 유사하지 않은 상품을 지정하여 출원하더라도 그 지정상품과의 경제적 견련관계나 부정한 목적이 조금이라도 인정되면 타인이 그와 동일하거나 유사한 표장을 등록 받을 수 없습니다.

품질 오인의 우려가 있는 상표는 등록 받을 수 없다 – 독도 참치

등록 상표인 '독도 참치'는 2017년에 무효 심결이 확정되며 소급하여 무효가 되었습니다. 독도에서 잡힌 참치를 쓰지 않음에도 불구하고 독도 참치라는 명칭을 등록 받았다는 이유입니다. 참치전문 프랜차이즈 사업을 하는 가맹본부인 (주)독도 참치가 2013년 참치전문 간이식당업(독도 근해에서 어획한 참치를 사용함), 참치전문 식당체인업(독도 근해에서 어획한 참치를 사용함)에 대해 독도 참치라는 상표를 등록하고 영업한 것입니다.

  [1] 독도 참치 심판 공보

상품분류 : 43	출원인 : (주)독도참치
출원(국제등록)번호 : 4120100033···	출원(국제등록)일자 : 2010.12.29
등록번호 : 4102674460000	등록일자 : 2013.08.29
출원공고번호 : 4120130041805	출원공고일자 : 2013.04.29
도형코드 : 270503	대리인 : 이경호

사건의 발단은 독도 참치와의 가맹 계약을 해지한 일부 가맹점주들이 독도 참치 상표를 계속 사용한 것이었습니다. 이에 대한 상표 사용금지를 독도 참치 측이 청구했고, 가맹점주가 대응하여 등록 상표를 무효로 해달라는 무효심판을 청구한 것입니다. 법원에서는 두 가지 쟁점이 문제가 되었습니다.

첫번째는 상표법 제33조 1항 4호에서 '현저한 지리적 명칭만으로 된 상표는 등록 받을 수 없다'고 규정한 부분입니다. '독도 참치'는 언뜻 보기에 이를 만족하는 것으로 보입니다. 다만, 이 규정의 예외로 상표법 제33조 2항에서 '오랜 기간 상표를 사용해서 수요자들에게 현저히 인식되는 경우 등록이 가능하다'고 하고 있습니다. 독도 참치는 전국적으로 알려진 상표이지만, 법원은 이 부분에 대해서는 판단하지 않았습니다. 다른 규정에 의해 무효가 되기 충분했기 때문입니다.

두번째로 무효의 근거가 되는 조항은 상표법 제34조 1항 12호인 '상품의 품질을 오인하게 하거나 수요자를 기만할 염려가 있는 상표는 등록 받을 수 없다'는 것입니다. 법원은 이 규정을 적용하여 본 상표를 무효화했습니다.

지정서비스업이 독도 근해에서 어획한 참치를 사용한다고 한정되어 있었지만 실제로 독도 근해에서 어획한 참치를 사용하는 것이 아니었다는 점이 문제였습니다. 다른 곳에서 잡힌 참치를 사용한다는 진술이 판단에 크게 영향을 미쳤을 것입니다.

여기서 얻을 수 있는 팁은, 상표로서 사용할 브랜드를 만들 때 수요자에게 품질을 오인하게 할 수 있는 명칭은 가능하면 피해야 한다는 점입니다. 특히 프랜차이즈 사업의 상표가 무효가 되면, 상표권이 가장 중요한 프랜차이즈 사업에서 상표에 대한 사용료를 받기가 매우 어려워집니다.

다만, 상표가 유명해진 경우 등록 상표가 없어도 부정경쟁방지법에 의한 보호를 받을 수 있습니다. 이점이 가맹 본부에게 위안을 줄 수 있겠네요. 위의 사안에서도 항소심 재판부에서는 부정경쟁방지법 제2조에 기초하여 가맹 계약을 해지하고 독도참치 상표를 계속해서 사용한 가맹점주에 대한 벌금 200만 원이 선고되었습니다. 비록 서비스표로 등록되었다가 이후 등록 무효 판결을 받았지만, 거래자 또는 수요자들에게 특정 영업 표지로 널리 인식된 경우에는 부정경쟁방지법의 보호 대상이라는 이유였습니다.

상표 등록, 이렇게 준비해보세요 07

사례로 살펴보는 상표등록 팁

⌄

한글 이름과 영문 이름 결정하기

상표가 한글과 영문 이름을 모두 가지는 경우 그중 무엇을 출원하는 것이 바람직할까요? 정답은 향후 실제로 사용할 형태로 출원하는 것입니다. 영문 상표를 사용할 예정이라면, 영문 상표의 형태로, 한글 상표를 사용할 예정이라면 한글상표의 형태로 출원하는 것을 추천합니다. 이렇게 하나만 출원해도 유사하게 발음되는 상표의 등록을 차단할 수 있기 때문입니다. 예를 들어, 'kiyul'이라고 상표를 출원하면, '기율'과 '키율'상표를 모두 배제시킬 수 있습니다.

만약, 한글과 영문 둘 다 사용할 예정이라면 두 가지 상표 모두 각각 출원하는 것이 좋습니다. 예를 들어, 영문 상표인 'Apple'과 한글 상표인 '애플'을 모두 등록 상표로 보유하고 있다면 추후 해외 사업 확장 시 영문 상표만을 사용할 수 있고, 국내에서만 사용할 계획이라면 한글 상표만 사용할 수 있기 때문입니다. 만약, 비용을 절감하고 싶다면, 영문과 한글을 병기하여 출원하는 방법도 있습니다. 그러나 영문과 한글을 병기하는 출원은 영문과 한글이 동일하게 발음되는 경우에만 추천합니다. 만약 영문과 한글이 서로 다르게 발음되는 경우라면 둘 중 하나만 사용한 경우 추후 취소심판의 대상이 될 수 있기 때문입니다.

영문 상표를 선택할지 한글 상표를 선택할지 고민이 된다면, 해외로 사업을 확장하여 상표를 출원할 계획이 있는지 고민하고 선택하는 것이 좋습니다. 한글이 포함된 상표를 기초로 우선권을 주장하여 외국에 출원한다면 동일한 상표를 선택해야 하기 때문에 외국 출원 시 한글을 포함시켜야 하기 때문입니다. 그러므로 해외 진출 계획이 있다면 영문 상표 출원을 결정하는 것이 바람직합니다.

문자와 로고의 상표 출원방법

문자와 로고는 그 사용 형태에 따라 출원 여부를 결정해야 합니다. 문자 상표를 주로 사용할 것인지, 로고만으로 된 상표를 기본으로 할지 고민한 후 이에 따라 상표를 등록 받아야 합니다. 만약, 두 가지 상표 모두 출원하기에 비용 부담이 크다면 주로 사용할 형태를 먼저 등록 받는 것도 방법입니다. 그리고 나서 다른 형태의 상표를 추가로 등록 받는 것이죠. 한편 이러한 상표가 상표법에 규정된 등록 받을 수 없는지 확인한 후 출원하는 것이 바람직합니다.

상표가 식별력이 부족하여 등록 받을 수 없다면, 식별력이 있는 부분과 결합하여 등록 받을 수도 있습니다. 단어를 추가하거나 캐릭터, 도형, 로고와 결합하는 것이 그 예시입니다. 다만, 이러한 방법으로 등록을 받은 경우라면 식별력이 없는 부분에 대하여는 상표권의 효력이 제한될 수 있음을 유념해야 합니다.

식별력이 없는 상표를 등록하고자 할 때 가장 흔하게 사용되는 방법은 로고를 결합하는 것입니다. 구체적 예로, 요식업 분야에 있어서 문자 '대한민국 한우(KOREAN BEEF HANWOO)'는 [국내산 한우를 제공하는 음식점]이라는 의미를 직접적으로 나타내므로 식별력이 없어 등록이 불가능합니다. 이러한 상표는 특정인에게 독점시키는 것이 공익적으로 부당하기 때문입니다. 그러나, 해당 문자부분에 소 세 마리와 남자를 일렬로 배치한 도형 '🐄🐄🐄👤'을 결합한 상표 ''(등록번호 제40-1474971호)는 식별력을 인정받아 최종 등록이 되었습니다. 식별력 없는 명칭에 식별력 있는 도형을 결합하여 등록된 케이스입니다.

CHICKEN PLEASE	남 양 맛있는 두유
등록번호 제40-1316503	등록번호 제40-0723249

이와 관련된 사례를 더 살펴보겠습니다. 위에서, 좌측 상표의 문자에 해당하는 'CHICKEN PLEASE'는 해당 제품과 관련한 성질을 나타냅니다.

즉, 누구나 사용할 수 있는 식별력이 없는 단어입니다. 그러나 '하얀 곰이 포크를 들고 있는 디자인'이 식별력이 인정되었기에 좌측 상표는 상표 등록이 될 수 있었습니다. 또한 우측 상표 '맛있는 두유'는 제품의 성질을 나타내어 식별력이 없으나, '남양'이 남양유업 주식회사를 의미하는 것으로 보아 상표를 등록 받을 수 있었습니다.

또 다른 사례입니다. 의류와 관련하여, 문자 '아빠가 만든 옷'은 '아빠가 자식을 생각하는 마음으로 정성을 다하여 직접 만든 옷'과 같은 관념을 직접적으로 떠올리므로 식별력이 부족하여 등록이 어려운 상표입니다. 그러나, 해당 문자 부분에 아빠와 아들이 손을 잡고 있는 형상의 도형인 ' '을 상단에 배치한 상표 ' (등록번호 제40-0475575)'는 최종 등록되었습니다.

식별력이 없는 경우의 예외 활용하기

하이마트, 신라면, 애니콜은 모두가 한 번쯤 들어 봤을만한 유명한 등록 상표입니다. 문자만 보았을 때는 안녕 마트, 매운 라면, 언제든지 통화로 인식되어, 지정상품에 대해 식별력이 없는 성질 표시표장인데요. 원래대로라면 상표 등록이 되지 못했을 표장들입니다. 그러나 위 상표들은 지속적인 사용으로 예외를 인정받았습니다.

이처럼 식별력이 없는 경우에도 광범위한 사용 끝에 식별력을 획득하는 경우 예외로서 상표 등록이 가능합니다. 이를 사용에 의한 식별력이라고 합니다. 상표법 제33조 제2항은 다음과 같이 사용에 의한 식별력에 대해 규정하고 있습니다.

상표법 제33조 제2항

제1항 제3호부터 제6호까지에 해당하는 상표(식별력이 없는 상표)라도 상표 등록출원 전부터 그 상표를 사용한 결과 수요자 간에 특정인의 상품에 관한 출처를 표시하는 것으로 식별할 수 있게 된 경우에는 그 상표를 사용한 상품에 한정하여 상표 등록을 받을 수 있다

이러한 상표는 이미 상표로서 기능할 뿐만 아니라, 더 이상 경쟁업자 간의 자유사용을 보장할 공익상의 필요성이 없어졌다고 볼 수 있기 때문입니다. 나아가 오히려 상표 등록을 허용함으로써 제3자의 부정경쟁 목적의 사용을 방지하여 상표사용자의 신용을 보호하고, 일반수요자로 하여금 상품의 품질 오인이나 출처 혼동을 방지하는 것이 상표법의 본래 목적에 부합하기 때문에 사후적으로 식별력을 인정하는 것입니다.

다만, 본 규정의 인정 요건은 상당히 까다롭습니다. 세 가지 요건과 함께 그 이유를 알아봅시다.

요건 1: '상표 등록출원 전부터 상표를 사용'하였을 것

사용에 의한 식별력을 주장하기 위해서는 상표 등록출원 전부터 계속적으로 사용할 것이 요구됩니다. 원칙적으로 5년 이상 실질적으로 비경합적이고 계속적으로 상표를 사용한 경우에는 사용에 의한 식별력 취득 인정의 중요 판단근거로 고려할 수 있다고 합니다.

다만, 단기간에라도 많은 광고, 선전을 통해 인지도가 상승할 수 있

으므로 사용기간이 짧더라도 매출액, 시장점유율, 인지도 등이 크게 상승한 경우에는 이를 함께 고려하여 판단할 수 있습니다. 예를 들어, 허니버터칩처럼 단기간에 전국에 유명해지는 경우라면 1년만에도 사용에 의한 식별력을 취득할 수 있게 되는 겁니다.

요건 2: '수요자 간'에 그 상표가 '특정인의 상품에 관한 출처를 표시'하는 것으로 '식별할 수 있게'되었을 것

사용에 의한 식별력은 원래 식별력이 없는 표장에 대세적인 권리를 부여하는 것이므로 그 기준을 엄격하게 해석, 적용해야 합니다. 그래서 주지상표의 인식도보다 낮은 단계이지만 특정인의 상품을 표시하는 것이라고 인식되어 있는 상표의 인식도보다는 높아야 합니다. 심사기준은 일부 지역에서 일부 거래자나 수요자들에게 상품에 관한 출처를 표시하는 것으로 식별할 수 있게 된 경우에도 인정 가능한 것으로 봅니다.

요건 3: '실제로 사용한 상표를 사용한 상품에 출원'한 것일 것

사용에 의한 식별력은 원칙적으로 실제로 사용한 상표가 동일한 상표를 사용한 상품과 동일한 상품에 출원한 경우에 한하여 인정할 수 있습니다. 유사한 상표나 상품에 대해서는 인정되지 않습니다.

실제 예로서, 단어 "K2"는 영어 1자 및 한자리 숫자로 구성된 간단한 단어로서 식별력이 부족하여 상표로 등록이 불가능한 것이 원칙이나, 등산화 및 등산의류에 대해 장기간 해당 상표를 사용한 결과특정인의 상품에 관한 출처표시로 인정되어 등록이 되었습니다. 또한, '경남대학교'는 지역명에 대학교라는 보통명칭이 결합된 것이지만 대학교 명칭으로 장기간 사용한 결과 사용에 의한 식별력을 획득하여 최종적으로 상표로 등록되었습니다.

추가로, 'SUPERIOR'는 '우수한, 상급의'라는 의미로 품질을 나타내므로 식별력이 부족하여 문자만으로 등록이 어려운 상표입니다. 그러나, 골프용품에 대해서 아래와 같은 형태로 장기간 지속적으로 사용하여 상표로 등록되었습니다.

SUPERIOR

이와 같이 정말 유명한 상표라면, 성질표시 표장에 해당하더라도 상표로 등록할 수 있습니다. 그렇지만 실제로는 대기업이 아닌 이상 일반 개인이나 중소기업이 오랜 시간 식별력이 없는 상표를 사용하여 유명성을 획득한 후 상표를 등록 받는 것은 쉬운 일이 아닙니다. 비용과 시간이 많이 들기 때문입니다. 따라서, 처음 상표를 선정할 때 식별력이 있는 상표를 선정하고 출원, 등록 받는 것이 바람직합니다.

상표 등록
함께해볼까요? 08

상표 등록의 절차

상표 등록을 위해서는 상표 출원을 반드시 거쳐야 합니다. 다만, 상표 출원을 한다고 해서 무조건 상표를 등록 받을 수 있는 것은 아닙니다. 그래서 먼저 희망하는 상표가 등록될지에 대한 검토를 진행한 후 상표를 출원해야 하는데요. 상표 등록은 출원 시점에서부터 약 8~9개월 정도의 시간이 소요됩니다. 때문에 사용하려는 상표가 있다면 최대한 빠른 시일 내에 출원을 하는 것이 좋습니다.

상표 출원부터 상표 등록까지의 절차는 어떻게 될까요?

출원 단계

상표 출원시 해당 상표를 사용할 상품을 지정해야 합니다. 지정상품은 산업자원부에서 정하는 45개의 상품류 구분 내에 있어야 합니다. 상표를 사용할 1개류 또는 다류의 지정 상품을 기재한 출원서에 등록 받고자 하는 상표 견본을 첨부하면 되는데요. 이때 출원료도 함께 제출하도록 되어 있습니다.

심사 단계

출원된 상표는 일주일 정도의 방식 심사를 거치는데요. 방식 심사는 출원서에 하자가 없는지 서류만을 두고 심사하는 과정입니다. 서류에 이상이 없을 경우, 출원서는 수리가 되어서 특허청에 소속된 심사관에게 배정되고 6개월의 실질 심사 과정을 거칩니다. 이때 배정된 심사관이 상표 등록 요건들을 자세히 검토합니다.

심사 결과 통상적으로 다음의 세가지 중 하나의 결과가 나오게 됩니다.

가. 출원공고

가장 바람직한 경우입니다. 심사를 통과하였다는 의미입니다.

나. 식별력 있는 상표로 인정받지 못하여 거절이유통지(33조 1항 각호)

등록을 받지 못하겠지만 현재 상표의 사용은 문제될 것은 없습니다. 누구나 사용할 수 있는 상표라는 의미입니다. 그래서 해당 상표를 독점할 수 없음을 의미합니다. 만약 식별력 있는 로고를 결합하여 재출원한다면 등록 받을 수 있습니다.

다. 식별력은 인정되나, 이미 등록되거나 출원된 제삼자의 상표권과 유사하다는 내용의 거절이유통지 (34조 1항 7, 8호)

이 경우에는 선출원된 상표가 거절되거나, 선등록된 상표가 취소되거나, 무효되는 등의 특별한 사정이 아니라면 상표를 등록 받기 어렵습니다. 상표를 교체하여 다른 상표로 출원하는 것이 바람직합니다. 만약 상표를 교체할 수 없다면, 등록 상표권자의 협상을 통해 상표양수나 라이센스 계약 등의 방법을 검토해야 합니다.

출원 공고

심사 결과, 거절 이유를 찾지 못하는 경우 심사관은 출원공고 결정서를 발행합니다.

상표의 출원공고는 상표에 관한 권리를 설정하거나 등록하기 전에 일반인에게 공개하여 공중 심사에 회부하는 제도입니다. 공익성과 출원 상표의 다양성에 비추어 특허청 내부 심사관의 심사만으로는 부족하다는 견지에서 만든 것인데요. 등록예정인 상표를 미리 공개하여 공중 심사에 회부함으로써 각계의 의견을 듣고 이견이 있으면 이의신청을 할 수 있게 하는 것이죠. 심사에 공정성을 부여하는 일련의 과정입니다.

누군가 무단으로 당해 출원된 상표와 동일하거나 유사한 상표를 동일하거나 유사한 상품에 사용하면 보상금을 물어야 할 경우가 생기는데요. 이로인해 출원인이 업무상의 손실을 입으면 상표 사용자에게 경고를 하고 업무상의 손실에 상당하는 보상금을 청구할 수 있습니다. 심지어 상표 등록 출원의 사본(국제상표 등록출원의 경우에는 국제출원의 사본)을 제시하고 경고하는 경우에는 출원공고 전에도 보상금 요구가 가능합니다. 다만, 상표권이 등록된 이후에만 당해 권리를 행사할 수 있도록 규정하고 있습니다.

이의신청 단계

출원공고된 상표에 거절할 이유가 있는 경우에는 제3자라도 누구든지 당해 출원을 거절해달라고 요구할 수 있습니다. 이를 이의신청 제도라고 합니다.

심사관은 출원된 상표에 거절이유가 없다고 판단했지만, 유사한 등록상표의 소유자 등 이해관계자가 해당 상표 등록에 문제를 제기하기도 합니다. 심사관이 출원공고 결정을 내린 상표가 기존 상표와 비슷하다는 주장을 할 수도 있습니다. 출원공고 후의 이의신청 기간은 이처럼 상표가 등록되기 전, 이해관계자 등에게 이의를 제기하라고 배려한 시간입니다.

이의신청은 누구나 할 수 있는데요. 이의신청 사유는 상표법 제23조 제1항 각 호에 열거된 거절 이유와 하나의 상표에는 출원이 하나여야 한다는 조항 위반도 포함됩니다. 이의신청 기간은 출원공고일로부터 2달간입니다.

이의신청인은 이의신청서에 필요한 증거를 첨부하여 특허청장에게 제출해야 합니다. 이의를 신청한 후 30일 이내에 이의신청서의 이유 및 증거를 보정할 수 있는데요. 심사관은 이의신청서 부본을 출원인에게 송달하고 기간을 정해 답변서를 제출할 수 있는 기회를 주어야 합니다. 특허청장은 심사관으로 하여금 이의신청을 심사하게 하며, 이의를 신청한 이유 등 보정 기간 및 답변서 제출 기간이 경과하면 이유를 붙인 서면으로 이의를 결정합니다.

이러한 이의 결정은 이의신청에 이유가 있다고 인정되는 경우 상표를 거절하겠다고 결정하고, 이유가 없다고 생각하면 그대로 등록을 결정합니다. 이의신청인은 이의신청이 기각되더라도 이 결정에 대해 불복할 수는 없습니다. 이 경우 이의신청인은 상표가 등록된 후 등록 무효심판을 청구해야 합니다.

등록 단계

출원공고 후 두 달 동안 이의신청이 없거나 이의신청이 있더라도 이의신청이 각하되거나 기각되면 최종적으로 등록 결정을 내립니다. 출원인은 이때부터 등록료를 납부하고 상표권을 획득할 수 있습니다. 상표권이 등록될 경우 10년 동안 권리가 주어집니다. 상표권은 만료 1년 전부터 갱신 신청을 해야 영구적인 권리를 유지할 수 있습니다.

이처럼 출원한 상표가 별 문제없이 등록되려면 여러 단계를 거쳐야 하고, 출원부터 등록까지 약 8~10개월정도의 기간이 소요됩니다. 그러나 우선심사로 진행하는 경우에는 출원부터 등록까지의 기간을 약 4~5개월 정도로 단축시킬 수 있습니다. 다만, 심사 과정에서 거절 이유가 통지되거나 출원공고 후 이의신청이 들어오면, 1년 이상의 기간이 소요될 수도 있습니다. 이처럼 상표가 출원되고 등록이 되기까지는 적게는 수개월에서 많게는 1년 이상이 소요될 수 있음을 유의해야 합니다.

>> 더 알아보기

상표의 주체를 누구로 할까?

상표 출원을 진행할 때 출원을 개인으로 할지 법인으로 할지 고민하시는 분들이 많습니다. 개인사업자의 경우에는 대표 개인의 이름으로 출원할 수밖에 없기에, 주로 양자 선택이 가능한 법인의 대표자분들의 경우입니다. 상표가 등록되고 나면 그 소유권은 상표권자에 가기 때문에 법의 귀속주체는 매우 중요한 문제입니다.

상표를 개인 또는 법인소유로 할지는 각자의 상황에 맞게 결정해야 합니다. 상표 출원을 개인이나 법인의 이름으로 하는 경우 다음과 같은 장단점이 있습니다.

상표를 개인 소유로 하는 경우, 상표권은 개인의 재산이 됩니다. 그러나, 개인이 사망한다면 상속 문제가 발생할 수 있습니다. 특히 법인의 대표자 이름으로 상표권을 소유하고 있다면 상속자는 대표의 자녀가 될 것이고 법인에게 귀속되지 않습니다.

한편, 상표를 법인 소유로 하는 경우, 상표권은 법인의 재산이 됩니다. 추후에 법인이 소멸하는 경우 상표권도 소멸합니다. 물론 소멸 전에 상표를 개인으로 이전할 수는 있습니다.

또한, 법인이 사용하는 상표를 법인이 아닌 대표자나 직원 등 개인명의로 상표등록을 진행하는 경우도 있습니다. 이때 법인은 상표를 사용하기 위해 개인에게 사용료를 일정 부분 지불해야 할 수도 있습니다. 이 경우 개인이 너무 높은 사용료를 받으면 로열티의 부정지급 문제가 발생할 수 있습니다.

'본죽'과 '원할머니 보쌈', '아딸'의 사례로 좀 더 알아봅시다.

유명 프랜차이즈 업체인 본죽, 원할머니 보쌈에서는 상표권의 사용료 수급으로 인해 어려움을 겪은적이 있습니다. 상표권 사용료 명목으로 본죽 대표가 28억원, 원할머니 보쌈 대표가 21억원 가량을 받은 혐의로 고발된 것입니다. 상황을 살펴보면, 본죽 및 원할머니 보쌈의 상표권을 대표 개인이 보유하고 있었고, 프랜차이즈 본사로부터 대표 개인이 상표권 사용료를 받고 있었습니다.

위 상표의 브랜드 가치를 유지하기 위한 광고, 마케팅 활동 비용 등을 프랜차이즈 본사가 지불하고 있었고, 해당 대표들은 위 활동 비용을 부담하지 않으면서 그 이익을 받아 배임 혐의가 발생하게 되었습니다. 과거 프랜차이즈 상표를 대표 개인이 가지고 있던 경우가 많았는데, 로열티 수입문제에 대해서는 주의해야 하겠습니다.

한때 선풍적인 인기를 끌었던 국민간식 떡볶이의 대표 브랜드 '아딸'은 창업주 부부가 이혼하면서 위기를 맞았습니다. 부인은 남편과 함께 아딸의 프랜차이즈 기업 오투스페이스를 운영하면서 지분 30%를 소유하고 있었습니다. 또한, 부인의 명의로 아딸 상표권을 등록해 놓은 상태였습니다. 2015년 이혼소송에 들어가면서 부인은 자신이 아딸의 상표권자임을 주장하며 오투스페이스를 상대로 상표권 침해금지 소송을 제기했습니다.

오투스페이스는 지분 30%만을 소유하고 있는 부인이 명의신탁자일 뿐 상표 권리자는 아니라며 특허법원에 등록취소 소송을 내며 맞섰습니다. 하지만 특허법원은 상표권이 부인에게 있다는 최종 판단을 했습니다. 또한, 상표권 침해금지 소송에서도 상표권이 부인에게 있다며 아딸의 가맹 본사이자 남편 회사인 오투스페이스의 상표권 사용을 금지하는 판결을 내렸습니다.

결론적으로 오투스페이스는 아딸 상표의 사용을 중단하고 모든 가맹점의 상호를 생소한 이름인 감탄 떡볶이로 변경해야 했습니다. 상표권의 소유자를 정함에 있어서 특히 신중해야 하겠습니다.

상표 등록을 위한 조언 5가지

결정했다면 빨리 출원하자

사업 초기 또는 사업 진행 중 마음에 드는 상표를 결정했다면 이를 독점적으로 사용하기 위해 반드시 상표 등록을 해야 합니다. 상표 등록은 자신의 브랜드를 법적으로 보호할 수 있는 최선의 방법입니다. 기업이 그토록 지키고자 하는 브랜드를 상표로 등록하지 않는다면, 타인이 그 브랜드를 사용할 수 있고 심지어 그 브랜드를 빼앗길 수도 있습니다.

우리가 잘 아는 "고봉민 김밥"을 그 사례로 들어보겠습니다. 2009년 '고봉김밥'이라는 상호로 부산에서 영업을 시작한 고봉민 씨는 김밥 속 토핑을 꽉 채워 직장인의 인기를 끌었고, 청결하고 좋은 재료를 사용하여 주부들의 인기를 끌었습니다. 그리고 3년 만에 전국적으로 가맹점 110호를 돌파하는 신화를 만들어냈습니다.

탄탄대로를 걷던 고봉김밥은 상표권 분쟁으로 큰 위기를 겪습니다. 고씨가 상표 등록을 소홀히 한 사이 가맹점주 중 한명이 '고봉'이라는 상표를 먼저 등록한 것입니다. 심지어 고봉김밥을 상대로 상표권 위반 혐의로 고소하여 상표 분쟁이 시작되었습니다. 거의 3년에 가까운 상표분쟁의 결과 결국, 고봉김밥은 2011년 울며 겨자 먹기로 고봉민김밥人이라고 상표를 변경하였고, 가맹점의 간판과 인테리어, 그 외 식기에 새겨진 상표를 전부 바꿔야 했습니다. 또한, 그 동안 쌓아왔던 브랜드 이미지가 심각하게 훼손되었습니다.

우리나라는 상표를 먼저 사용하는 사람에게 상표권을 부여하는 것이 아닌, 상표출원을 먼저 한 사람에게 상표권을 부여하는 선출원주의를 바탕으로 상표법을 운영합니다. 때문에 상표를 먼저 사용한 사람 입장에서는 이와 같이 안타까운 상황이 발생합니다.

다른 예로, 봉구비어를 들 수 있습니다. 그 유명세에 유사 상표가 수도 없이 편승했습니다.

봉구비어가 2012년부터 사업을 시작하였는데, 2013년 5월에 봉쥬비어가 먼저 상표 출원을 하고, 등록을 받았습니다. 봉구비어가 사업을 시작함과 동시에 상표를 출원 등록하였다면 봉쥬비어를 견제할 수 있었지만, 봉구비어는 그 기회를 놓친 것입니다. 그 뒤로 봉구비어와 봉쥬비어는 서로 원조라고 주장하면서 대립하고 있습니다.

봉구비어는 또 광양불고기 전문점인 '봉구네'와 분쟁에 휘말립니다. 2013년 9월에 상표 등록한 '봉구네' 측은 봉구비어를 상대로 상표가 유사함을 확인하는 권리 범위확인심판을 제기하였고 승소하였습니다. 다급해진 봉구비어는 항소하였고, 대법원까지 분쟁이 진행된 결과 '봉구네'와 '봉구비어'가 비유사하다는 판단을 받았습니다. 결국, 봉구비어의 승리로 종결되었지만, 봉구비어의 입장에서는 자신들의 브랜드를 사용하지 못할뻔한 순간이었습니다.

또한, 최근에 봉구비어는 봉구통닭이라는 브랜드와 상표분쟁을 가졌습니다. 봉구비어가 봉구통닭이 자신과 유사한 상표로 영업을 하고 있다며 침해소송을 제기한 것이었습니다. 이때는, 법원이 봉구통닭의 손을 들어주었고, 봉구통닭은 영업을 계속할 수 있었습니다. 봉구라는 이름으로 선등록된 상표들이 많다는 이유로 상표 간의 유사를 인정하지 않은 것입니다.

이 과정에서 봉구비어의 브랜드 가치는 많은 손해를 보았습니다. 봉구비어가 분쟁비용으로 심판이나 소송 등에 지출한 돈은 처음부터 제대로 된 상표를 출원하고 등록했다면 발생했을 비용의 수백 배에 달합니다.

이런 문제는 브랜드가 해외로 진출한 경우에 더 심각해집니다. 앞선 설빙의 사례가 대표적입니다. 상표권은 국가마다 별개이기 때문에 한국에 상표를 등록했다고 하더라도 사업 확장 전 해당국가에 상표를 출원하여 등록 받아야 합니다. 그런데 이 시기를 놓쳐 상표 브로커에게 피해를 입는 경우가 많습니다. 이런 불미스러운 일들을 막는 가장 좋은 방법은 상표를 가장 먼저 출원하는 것입니다.

상표 출원 시 지정상품을 잘 정하자

부동산 앱의 선두주자라고 할 수 있는 직방과 다방(스테이션 3)에 대해 한 번쯤 들어보셨을 것입니다. 이는 부동산 O2O(Online to Office)라고 하여 온라인과 오프라인 시장을 결합한 사업의 형태입니다. 혼자사는 인구가 증가하면서 중개업자를 통하지 않고 앱을 통해 간편하게 집을 구할 수 있다는 점에서 각광 받고 있습니다. 두 회사는 각종 매체를 통해 활발히 광고하면서 이용자가 가파르게 증가하고 있는 추세입니다.

한편, 두 회사는 2015년 4월부터 상표권에 관한 법적 분쟁에 휘말려 2년 동안 지루한 싸움을 지속하였습니다. 상황이 복잡했지만, 분쟁의 시작은 이렇습니다.

2015년 4월, 직방 측에서 다방(스테이션 3)이라는 상표권을 9류(전자통신, 모바일 앱)에 대해 등록 받은 뒤, 다방(스테이션 3) 측에 해당 상표를 사용하지 말라는 상표권 침해금지 가처분 신청을 하였습니다. 이에 다방(스테이션 3) 측에서는 직방 측이 등록한 '다방(스테이션 3)' 상표권(9류)이 무효라며 무효심판 청구 맞소송을 제기하였습니다.

그렇다면 직방은 어떻게 다방 상표를 등록 받을 수 있었을까요? 바로 다방(스테이션 3)측에서 35류(광고 및 기업관리), 36류(부동산 금융업)에 대해서만 'DABANG' 상표의 등록을 완료하였기 때문입니다. 모바일 앱이 속한 제9

류에 대해서는 등록을 받지 않았습니다.

통상적으로 부동산 모바일 어플리케이션에 관련된 사업을 할 계획이라면 어플리케이션과 관련된 제9류의 상품들에 대해서도 반드시 등록을 받아야 합니다. 하지만 다방은 제35류 및 36류의 상표권만을 확보한 채 사업을 진행하였습니다. 직방 측은 다방(스테이션 3)측이 제9류에 대해 상표권이 없다는 이유로 2014년 4월 다방(스테이션 3), 꿀방 등 다양한 '~방' 시리즈의 상표를 9류에 대해서 등록 받을 수 있었던 것입니다.

직방 측에서 제기한 침해금지가처분 소송은 대법원까지 이어졌으나, 1심부터 대법원까지 모두 다방(스테이션 3)의 손을 들어주었습니다. 직방 측이 자신의 사업을 위한 목적이 아니라 경쟁업체의 상표사용을 배제하기 위한 목적으로 상표를 등록 받은 것으로 판단하였기 때문입니다.

다방(스테이션 3)이 제기한 무효심판 청구의 경우에는 1심에서는 직방 측의 손을 들어주었습니다. 직방의 '다방' 상표권이 유효하다는 의미입니다. 하지만 2심에서는 다방(스테이션 3)의 주장에 동의하여 상표권이 무효가 되어야 한다고 1심 판결을 뒤집었습니다. 그 후, 직방은 대법원에 상고를 제기하였지만, 2017년 4월 다시 상고를 취하하여 직방의 '다방' 상표권은 최종적으로 무효화되었습니다.

만약, 두 소송이 위와 다른 결과가 나왔다면 어땠을까요? 다방(스테이션 3)이 소송에서 졌다면 어플리케이션에 대해 '다방'이라는 이름을 사용하지 못하게 되어 치명적인 사업상의 피해를 입었을 것입니다. 그렇다면 최종적으로 승소하여 상표를 다시 사용할 수 있게 되었으니 그저 기쁜 일일까요? 이미 상표분쟁으로 사업 계획에 차질을 빚었고 분쟁비용으로 막대한 자금이 들어갔으니 피해 발생 규모만이 차이가 있을 뿐 피해가 발생한 것은 마찬가지입니다. 반면, 직방의 입장에서는 상표권을 이용하여 경쟁 상대를 충분히 견제하였습니다.

법원은 직방이 상표권 침해 가처분 신청을 한 것을 경쟁업체가 서비스표를 의도적으로 사용하지 못하게 할 의도를 가졌다고 보았습니다. 다방(스테이션 3)이 2013년 7월부터 앱을 출시한 후 활발한 광고를 통해 수요자들 사이에 제법 유명한 브랜드로 인식되었다는 점을 인정했습니다.

위 두 회사의 분쟁을 볼 때, 중요한 교훈이 있습니다. 첫 번째는 자신의 사업 분야에 대해 미리 상표를 출원하는 것이 바람직하며, 두번째는 자신의 사업 분야에 적절한 상품류를 선택해야 한다는 점입니다. 이러한 사례를 통해 미리 상표권을 확보하는 것이 얼마나 중요한지 알 수 있습니다. 더불어 사업 영역을 충분히 보호할 수 있도록 제대로 된 상표권을 확보해야 한다는 점을 기억해 주세요.

유사 상표의 오해를 벗어나자

상표 출원 전에 보통 선행상표조사라는 것을 하게 됩니다. 이때 자신이 출원하려는 상표와 유사한 상표들을 미리 파악을 할 수 있습니다.

그런데 이런 유사한 상표들 중에서도 상표심사에서 문제가 될 만한 상표와 그렇지 않은 상표를 구분할 수 있습니다. 또한 문제가 될만한 상표와는 최대한 다르게 보이도록 출원상표를 꾸미는 것이 좋은 방법입니다.

예를 들면 출원상표는 문자만으로 또는 로고만으로 출원할 수도 있고, 문자 중에서도 영어와 한글을 병기하거나 둘 중 하나만을 쓸 수도 있습니다. 이런 다양한 옵션 중에서 조사된 문제 상표와 최대한 다르게 보이도록 상표를 출원해야 합니다.

예를 들어, ' (주) 나노엔텍 Nanoen Tek, Inc. (제45-0021124호)'라는 선행 등록 상표가 있음에도, 'nanoe (제40-0786887호)'는 일부 문자를 영어로만 사용하여 등록을 받았습니다. 또한, 'STAR (제40-0239945호)'라는 선행 등록 상표가 있으나, 'STARLUX (제40-062264호)'는 상단의 선을 제거하고, 일부 문자를 추가하여 등록을 받을 수 있었습니다.

문제가 될 만한 지정상품을 피해서 출원하는 것도 방법입니다. 예를 들어, 내가 필요로 하는 지정상품들이 건강보조식품인 경우, 가공된 구기자를 주성분으로 하는 건강보조식품(G0204, G1009)이 등록되어 있다면, 건강보조식품이 아닌 건강관리용 약제(G1004)로 출원하는 경우 유사군 코드가 달라서 등록 받을 수 있습니다.

우선심사를 활용하자
상표를 출원하고 등록 받기까지 일반적으로 9개월 정도가 걸리기에 많은 출원인이 그 기간을 부담스러워 합니다. 그러나, 출원에서 등록까지 걸리는 오랜 기간에 대한 부담을 해결할 방법이 있습니다. 바로, 상표의 우선심사제 도를 활용하는 것입니다. 우선심사 제도를 통해 출원에서 등록까지의 기간 을 절반으로 단축시킬 수 있습니다.

상표우선심사제도는 출원된 상표가 일정한 요건을 갖추면 다른 출원보 다 우선적으로 심사를 해주는 제도를 말합니다. 상표에 관한 심사는 출원 순서에 따라 행해지는 것이 원칙입니다. 그러나 모든 출원에 대해 이러한 원칙을 적용하다 보면 공익이나 출원인의 권리를 적절하게 보호할 수 없게 됩니다.

이에 따라, 상표법에서는 일정한 요건을 만족하는 출원에 대해서는 출원 순서와 관계없이 다른 출원보다 먼저 심사할 수 있도록 우선심사제도를 운 영하고 있습니다. 일반 심사의 경우 상표 등록까지 평균 8개월~10개월이 걸리지만, 우선심사를 하는 경우 등록까지의 기간이 약 4~5개월로 단축됩 니다. 상표 등록증을 보다 빨리 손에 쥘 수 있습니다.

그렇다면, 우선심사는 누구나 다 신청할 수 있는 것일까요? 상표 출원인 혹은 이해관계인이라면 우선심사를 신청할 수 있습니다. 그러나 중요한 것 은 상표를 현재 사용하고 있거나 사용예정중인 경우에만 우선심사의 대상 이 됩니다. 사용에 대한 증거자료는 제품의 카탈로그, 인터넷 홈페이지, 제 품 이미지 등입니다. 상표를 사용 중이거나 예정 중이라는 것을 입증할 수 있다면 어떤 종류의 증거도 인정됩니다.

이렇게 우선심사 자격을 갖춘 자는 상표 출원과 동시에 우선심사신청을 하는 것이 좋습니다. 상표를 출원한 이후에도 아직 심사가 이루어지지 않은 출원이라면 신청이 가능합니다. 다만, 심사 착수가 2개월 이내로 임박해 있는 경우라면 우선심사가 힘들어집니다. 심사가 머지않았으므로 우선심사를 신청할 실익이 없기에 심사관이 우선심사신청을 각하할 수도 있습니다.

우리나라에서 우선심사신청료는 상품류 구분마다 각 16만 원입니다. 예를 들어, 화장품(3류), 의류(25류), 청소기(7류)로 총3개 상품류에 우선심사를 신청한다면 특허청 관납료로 48만 원(16만 원x3)을 납부해야 합니다. 이때, 우선심사 신청료는 출원료와 별개입니다. 따라서, 출원료에 우선심사 신청료까지 꽤 많은 지출이 발생합니다.

거절 당해도 포기하지 말자

한번 안된다는 말을 들어도 영원히 안되는 것은 아닙니다. 이는 "김밥천국"과 "알바천국"에 대한 이야기입니다.

김밥천국은 1999년에 출원되어 2001년에 식별력이 부족하다는 이유로 상표 등록이 거절되었습니다. 상표법에 따르면 상품의 속성인 품질, 효능, 용도, 형상, 가격, 사용방법 등을 직감하게 하는 상표는 등록 받을 수 없기 때문입니다. 특허청은 김밥천국이라는 상표만 봐도 누구나가 김밥천국이 제공하는 상품과 서비스의 내용을 직감하게 할 수 있다고 본 것입니다. 그래서 출원인은 김밥천국에 이런저런 로고를 포함시켜서 등록을 받아놓았습니다. 식별력 없는 문자에 로고나 다른 식별력 있는 문자를 결합시켜 등록 받은 이와 같은 상표등록의 단점은 타인이 '김밥천국'이라는 단어는 사용하되, 로고를 바꾼다면 다른 사람도 또 상표 등록을 받을 수 있다는 점입니다. 즉 그 단어 자체를 독점하지는 못하는 것입니다.

그러나, 반면 특허청은 상표 알바천국은 문자만으로 등록을 시켜줬습니다. 이렇게 문자로서 등록을 해버리면, 유사한 업종에는 '알바천국'이라는 이름 자체를 쓰지 못합니다. 왜 김밥천국은 거절되고 알바천국은 등록되었을까요?

판례는 상품의 속성인 품질, 효능, 용도, 형상, 가격, 사용방법 등을 '직감'하게 하는 상표는 등록 받을 수 없다고 하고 있습니다. 따라서, 상품의 속성을 직감하게 하는 상표가 아니라 '암시'하는 정도에 그친다면 등록 받을 수 있는 것입니다. 따라서 법원은 알바천국이 아르바이트 알선 등의 서비스를 직감하지는 않고 암시하는 정도에 그친다고 본 것입니다.

그런데 김밥천국과 알바천국이 그리 달랐을까요? 변리사인 저는 오히려 이러한 차이를 가져온 가장 큰 요소가 출원인의 의지가 아니었나 생각해봅니다. 두 상표 모두 특허청 단계에서는 거절되었는데, 김밥천국은 특허청 단계에서 포기하여 결국 도형이 포함된 다른 상표를 출원하였고, 알바천국은 끝까지(대법원까지) 불복하여 문자의 식별력 유무를 다투었습니다.

사실 특허청은 논쟁이 될 수 있는 애매한 상표는 잘 등록해주지 않습니다. 특허청에서 심사를 하시는 심사관님들은 본인의 심사결과에 대해 책임을 지셔야 하기 때문입니다. 그래서 애매한 상표를 등록 받기 위해서는 적어도 심판까지는 가거나, 나아가 특허법원까지는 갈 생각으로 진행하시는 것이 좋습니다. 필요하다면 대법원까지도 불복하는 경우가 있습니다. 법관은 '독립적으로 판단할 수 있는 자치기구'라는 말을 들어보셨죠? 좀더 유연성 있는 판단을 할 수 있기 때문입니다. 그러므로 꼭 필요한 상표인데, 정말 억울하는 생각이 든다면 법원 단계까지 진행해보시기 바랍니다.

여기까지의 과정을 거쳤다면, 이제 등록증을 받게 되실겁니다.

축하드립니다. 이제 어려운 과정은 다 넘으신 겁니다. 이어서 등록증을 받은 후 챙겨야 할 상표 관리에 대해 설명하겠습니다.

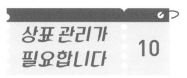

사례로 살펴보는 등록 상표 관리 팁

3년에 최소 1번 이상은 사용해주세요

'팡팡팡! 제한 시간 1분 안에 같은 동물 세 마리 이상을 가로, 세로로 맞춰 없애는 게임, 애니팡!'

2012년 9월, 앱스토어에 출시되어 서비스시작 74일만에 다운로드 건수 2000만을 돌파한 애니팡은 1년도 채 안 되어 국민 게임으로 자리매김하였습니다. 열이 맞춰진 상태에서 같은 동물을 팡팡 터뜨릴 때 느끼는 희열감은 남녀노소 할 것 없이 빠져들기에 충분히 매력적이었습니다.

그러나, 애니팡을 출시한 선데이토즈는 사업 확장을 본격적으로 추진하면서 상표권 분쟁에 휘말립니다. 캐릭터 개발 및 애니메이션, 출판 업체인 군앤조이가 애니팡이 출시되기 무려 6년 전인 2004년에 애니팡이라는 상표를 등록하였기 때문입니다. 굳앤조이는 애니매이션, 모바일 어플리케이션, 학습용 출판만화 등 다양한 사업을 펼치는 프로덕션입니다. 이 회사는 2001년부터 실사와 만화 캐릭터를 합성하여 애니메이션 영상을 만드는 애니팡 프로젝트를 추진하였습니다. 그리하여 2004년경 애니팡 상표권을 확보하는데 성공하였지만, 무리한 사업 확장으로 경영이 악화되어 프로젝트를 중단해야만 했습니다.

이에 선데이토즈는 2012년 9월 굳앤조이를 상대로 불사용에 의한 취소심판을 청구하였습니다. 상표법 제119조 제1항 제3호는 '상표권자의 상표 사용을 촉진하고, 불사용 상표에 대한 제재를 위해 등록 상표를 취소할 수 있다'고 말합니다. 즉, 선데이토즈가 취소심판을 청구한 2012년 9월을 기준으로 굳앤조이가 3년 전까지 해당 상표를 사용하지 않았을 경우 상표 취소가 가능합니다.

국민게임으로 한창 인기몰이를 한 애니팡은 캐릭터를 이용한 의류를 비롯하여 문구 사업까지 확장할 계획이었습니다. 하지만 굳앤조이와의 상표분쟁으로 인해 당초 계획에 차질을 빚었습니다. 심판에서 굳앤조이는 2004년 사업을 중단한 후 상표를 사용하지 않은 사실은 인정하였지만, 취소심판이 청구되기 약 1달 전부터 애니팡에 대한 출판사업을 재개하여 상표를 사용했다고 주장하였습니다. 결국 심판은 굳앤조이가 애니팡 만화 출판 계약을 맺은 사실 및 인쇄를 끝마친 사실을 미루어 상표의 사용이 인정된다고 보아 굳앤조이의 손을 들어주었습니다.

선데이토즈는 위 심결에 불복하여 항소했습니다. 법원에서 선데이토즈 측은 게임의 인기는 기존의 등록 상표와는 무관하고 오로지 자사의 노력으로 일궈낸 것이라고 주장하였습니다. 반면, 굳앤조이는 애니팡이라는 단어가 흔한 단어의 조합물이 아닌 자체적으로 창작성이 존재하는 상표라고 반박했습니다. 선데이토즈가 애니팡과 관련된 사업을 시작하기 전 기존에 등록된 상표를 검색하는 것이 상식적인데, 이 절차를 거치지 않고 적법하게 등록된 애니팡 상표를 위협하고 있다는 것이었습니다. 법원의 판단은 어떠하였을까요?

재판부는 판결문에서 "굳앤조이가 계약서에 'Ani-pang'을 사용했더라도 계약서가 국내에서 전시 또는 반포됐다고 단정하기 어렵다"라고 하며 픽(굳앤조이)이 등록한 상표가 사건 취소 심판청구일 전 3년 이내에 국내에서 정당하게 사용되었다고 볼 만한 사정이 발견되지 않는다고 하여, 상표등록의 취소사유를 인정하였습니다.

이로써 두 회사의 긴 법정 싸움은 굳앤조이 소유의 애니팡 상표가 등록 취소됨으로써 종결되었습니다. 이후 선데이토즈는 잠시 연기하였던 애니팡 관련 사업을 마음놓고 진행할 수 있게 되었습니다. 본 사건은 상표 등록이 모든 것을 해결해주지 않고, "등록된 상표를 장기간 사용하지 않으면 언제든지 취소될 수 있다"는 점을 시사합니다.

만약, 취소심판이 청구되면 등록상표의 사용에 대한 입증책임은 심판 청구인이 아닌 상표권자에게 있습니다. 상표의 사용사실 여부는 상표권자가 가장 잘 알기 때문입니다. 따라서 상표권자는 평소 상표의 취소심판을 예방하기 위해 사용 증거자료를 잘 준비해 두어야 합니다. 사용 증거는 상표를 상품에 표시하거나 광고, 거래한 사실 등과 날짜를 입증할 수 있는 증거(거래명세서, 카탈로그, 사용설명서 등)입니다.

등록 상표를 변형 사용할 때에는 주의하세요

출원을 한 후 약 7~8개월의 심사기간을 통과하고 등록료를 납부하면 출원 상표가 등록됩니다. 상표권자들은 대개 시간과 비용의 결과물인 위 등록 상표를 그대로 사용할 것입니다. 그런데, 상표를 등록된대로 사용하는 것이 아니라, 일부 변형하여 사용한다면 상표가 취소될 위험도 존재합니다. 그 예시로 **DIcovery**라는 상표를 등록 받은 사용자가 실제로 **DICOVERY**를 사용하여 유명상표 Discovery와 혼동이 된다고 하여 상표를 취소당한 사례가 있습니다.

앞서 살펴본 금강제화와 금강텍스 사이의 분쟁을 좀 더 상세히 보며 등록 상표의 변형 사용에 대해서 살펴보도록 하겠습니다.

금강텍스의 전신 금강섬유는 펜 모양의 도형 안에 'KUMKANG'이라는 글귀와 하단에 '금강'이라고 표시된 상표를 1969년에 등록한 후 관련 상표가 새겨진 양말을 판매해 왔습니다. 한편, 금강제화는 마름모로 둘러쌓인 '금강' 표장을 1960년대부터 사용하여, 1987년에 상표로 등록하였습니다.

금강텍스의 등록 상표는 다음과 같습니다.

가. 이 사건 등록상표

(1) 등록번호/출원일/등록일/갱신등록일/소멸일 : 상표등록 제598999호/2002. 6. 25. /2004. 11. 10./2014. 3. 26./2020. 4. 17.

(2) 구 성 : **금강**

(3) 지정상품 : 상품류 구분 제25류의 아동복, 자켓, 유아복, 남방셔츠, 조끼, T셔츠, 양말, 양말커버, 스톨(Stoles), 타이츠(Tights)

또한, 금강제화의 선등록 상표는 다음과 같습니다.

나. 선등록상표 1

(1) 등록번호/출원일/등록일/갱신등록일 : 상표등록 제59638호/1978. 3. 4./1979. 1. 17./2019. 1. 8.

(2) 구 성 : 금강

(3) 지정상품 : 상품류 구분 제25류의 가죽신, 골프화, 단화, 등산화, 방한화, 복싱화, 비닐화, 샌달, 우화, 장화, 편상화

(4) 등록권리자 : 주식회사 금강

KumKang
금강

2003년 금강제화와 금강텍스 간의 '금강 상표는 구두에는 금강제화가 양말에는 금강텍스가 사용한다'라는 내용의 합의에도 불구하고, 2017년 양사의 법적분쟁은 금강제화가 금강텍스에 대해 침해금지청구 등의 민사소송을 필두로 무효심판 및 취소심판을 동시에 제기하면서 재점화되었습니다.

금강제화가 금강텍스의 상표에 대해 무효심판을 청구한 사건에서 양 사의 표장 자체가 유사한지 여부는 쟁점이 아니었습니다. '금강'이라는 단어가 워낙 명확하게 인식이 되어 표장 자체는 유사하기 때문입니다. 다만, 상품이 '양말'과 '신발'로서 다른데, 이를 유사로서 볼 것이냐, 비유사로서 볼 것이냐, 아니면 오인/혼동의 여지가 있느냐에 대한 것이 쟁점이었습니다. 무효심판에서는 오인/혼동의 우려가 없다고 보았고, 금강텍스의 손을 들어주었습니다. 결국, 금강텍스의 상표는 무효가 되지 않아 양 사의 상표권은 그대로 공존하게 되었습니다.

그런데, 문제는 금강제화가 금강텍스의 등록 상표에 대한 취소심판도 동시에 청구한 것이었습니다. 이번 단락에서 이야기하고자 한 주제이기도 합니다. 금강제화는 아래 규정에 기초하여 취소심판을 제기하였습니다.

상표법 제119조(상표 등록의 취소심판)

① 등록 상표가 다음 각 호의 어느 하나에 해당하는 경우에는 그 상표 등록의 취소심판을 청구할 수 있다. 1. 상표권자가 고의로 지정상품에 등록 상표와 유사한 상표를 사용하거나 지정상품과 유사한 상품에 등록 상표 또는 이와 유사한 상표를 사용함으로써 수요자에게

상품의 품질을 오인하게 하거나 타인의 업무와 관련된 상품과 혼동
을 불러일으키게 한 경우

즉, 금강텍스가 상표를 25류 양말에 등록을 하고, 양말에 대해 아래와 같
이 변형사용을 했다는 것이 그 이유입니다.

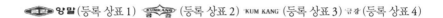
양말(등록 상표 1) (등록 상표 2) ˈKUM KANG (등록 상표 3) 금강(등록 상표 4)

KumKang(실사용 상표 1) 금강 KumKang(실사용 상표 2), 금강 KumKang(실사용 상표 3),

금강 KumKang(실사용 상표 4), 금강 KumKang(실사용 상표 5)

심판원에서는 단순 변형사용이 아니라, 변형 사용으로 인해 다른 상표와
오인/혼동이 생겼다는 이유로 금강텍스의 상표를 취소하였습니다. 어떤 상
표와 오인/혼동이 생겼을까요? 바로 신발과 구두 등에 등록되어 있는 아래
의 금강제화의 상표들입니다.

(1) 구성 : KumKang(대상상표 1), Kumkang(대상상표 2), Kumkang(대상상표 3),

Kumkang(대상상표 4), 금강(대상상표 5)

(2) 사용상품 : 신발, 구두

상표법 제119조 제1항 제1호의 규정은 상표권자가 상표제도의 본래의 목적에 반하여 자신의 등록 상표를 그 사용권의 범위를 넘어 부정하게 사용하지 못하도록 규제하는 것을 목적으로 합니다. 즉, 상품거래의 안전을 도모하고, 타인의 상표의 신용이나 명성에 편승하려는 행위를 방지하여 거래자와 수요자의 이익보호는 물론 다른 상표를 사용하는 사람의 영업상의 신용과 권익도 아울러 보호하려는 규정입니다. 상표권자가 오인/혼동을 일으킬 만한 대상상표의 존재를 알면서 그 대상상표와 동일, 유사한 실사용상표(변형사용)를 사용한 경우 위 규정이 적용될 수 있습니다.

결국, 금강텍스가 등록상표를 변형사용한 실사용 상표가 금강제화의 등록상표와 오인·혼동의 우려가 있다는 이유로, 금강텍스의 등록상표는 취소되었습니다. 이는 오인·혼동의 우려가 없다고 판단한 무효심판의 판단 결과와는 다릅니다. 위와 같은 서로 다른 결과가 나오는 것은 각 심판청구의 원인이 달라 쟁점과 판단 시점이 다를 수밖에 없기 때문입니다. 구체적으로, 무효심판은 금강텍스가 양말에 대해 등록한 상표와 금강제화가 구두에 대해 등록한 상표가 유사한지를 기준으로 기준으로 무효여부에 대해 판단하고, 취소심판은 심판 청구 당시인 2017년 11월을 기준으로 금강텍스가 '양말'에 등록 받은 등록상표를 변형하여 사용하여 오인·혼동을 초래했는지 여부를 판단하는 것입니다.

현재, 금강텍스 측에서는 위 취소심결에 대해 불복하여 특허법원에 소를 제기한 상태입니다. 결과가 바뀔 가능성이 전혀 없는 것은 아니지만, 등록 상표권의 관리가 중요하다는 것을 단적으로 보여주는 사안이었습니다.

등록 상표가 보통명칭이 되지 않도록 주의하세요

어떤 단어가 특정 업종이나 상품에 누구나 사용할 수 있는 단어가 되는 경우를 '보통명칭화'라 부릅니다. 보통명칭이 되면 해당 용어는 더 이상 상표 등록을 받을 수 없습니다. 심지어 상표 등록이 완료된 후에도 보통명칭화가 시행되면 그 상표는 무효가 됩니다. 고심해서 만들어낸 상표가 정말 유명해졌는데 상표는 죽어버리는 안타까운 상황이 됩니다.

2000년대 초에 부원식품은 '불닭'을 판매하기 시작했고 이는 전국적인 불닭 열풍으로 이어졌습니다. 이후로 불닭이라는 상표가 포함된 닭 요리 매장이 우후죽순 생겨났는데요, 부원식품은 이들 불닭이라는 이름을 포함하고 있는 타업체들에 대해서 아무런 조치를 하지 않았습니다.

그러다 2007년에 홍초불닭 상표권자인 홍초원이 제기한 소극적 권리 확인 심판에서 부원식품의 불닭은 닭 요리의 보통명칭으로 인식되어 식별력을 상실한 것으로 판단되었습니다. 불닭은 상표로서의 식별력을 상실해버린 것입니다. 만약 상표 등록 후부터 불닭 상표를 사용하는 매장들에 제재를 가했더라면 이 상표는 부원식품만의 출처로 인식되어 상표가 유효하게 존재하였을 것입니다.

이번에는 구글의 사례를 들어봅시다. 2012년 초, David Elliott와 Ghris Gillepsie 등(이하 Elliott 등)이 'google'을 포함한 인터넷 도메인 이름 763개(ex. googlenewtvs.com 등)를 소유하고 있었습니다. 이에 대해, Google은 위 도메인 이름들이 'Google' 상표와 혼동을 일으킬 만큼 유사하다고 주장하였습니다. 이 주장이 받아들여져 위 도메인 이름들은 2012년 5월 10일 Google에 이관되었습니다.

이에 반발한 Elliott 등은 'Google' 상표는 인터넷 검색을 일컫는 보편적인 용어라고 주장했습니다. 즉, 해당 용어가 보통명칭화되었으므로 취소되어야 한다며 지방법원에 심판을 청구하였습니다. 지방법원에서는 Google의 'Google' 상표가 보통명칭이 아니라는 판결을 내렸습니다. 이에 Elliot 등은 연방항소법원에 항소하였습니다.

연방항소법원에서는 'google'이라는 상표가 검색 엔진일 뿐 인터넷을 검색하는 행위가 아니라며 지방법원의 판결이 문제 없다고 판시하였습니다. 또한, Google 스스로 'google'을 동사화하여 사용한 점(ex. Have fun and keep googling!)만으로 해당 상표가 보통명칭이라고 볼 수는 없다고 말했습니다. 단지 'google'을 동사화하여 사용한 예시에 불과하다는 것이었습니다. 결국, 지방법원, 연방항소법원 모두 Google의 손을 들어주었습니다.

'Google'과 '불닭'은 규모도 업종도 다르지만, 보통명칭을 설명할 때 하나로 묶어 비교해볼만 합니다. 상표가 등록된 이후 둘다 엄청나게 유명해졌지만 하나는 보통명칭이 되고, 다른 하나는 보통명칭이 되지 않았기 때문입니다. 즉, 하나는 식별력을 잃고, 다른 하나는 식별력을 유지하고 있습니다. 식별력이 소멸된 상표의 상표권자는 타인에게 침해 주장을 할 수 없습니다. Google에서는 여전히 google 상표로 침해 주장을 할 수 있으나 부원식품에서는 불닭 상표로 침해 주장을 할 수 없는 것처럼 말입니다.

변리사로서 많이 받는 질문 중 하나는 누군가 자신의 상표를 규모가 매우 작은 업체에서 일부 상품에만 사용하고 있는데 경고장을 굳이 보내야 하냐는 것입니다. 대개 이 과정이 번거롭고 비용이 발생하기 때문에 제3자가 자신의 상표를 사용하고 있더라도 그냥 넘어가는 경우가 많습니다. 하지만, 이런 사소한 도용 하나하나가 모여 등록 상표의 식별력을 약화시키기에 결국 등록상표의 존재를 위협하게 됩니다.

상표의 효력 중 하나는 타 상표와 구별될 수 있는 힘, 즉 식별력입니다. 식별력은 하나의 생명체처럼 수요자의 인식이나 시장 상황의 변화에 따라 달라지므로, 존재하던 식별력이 소멸되거나 없었던 식별력이 생성될 수도 있습니다. 예를 들어, '카페라떼' 상표의 경우 1999년만 하더라도 누군가의 상표로서 식별력이 인정되었습니다. 하지만 상표권자의 관리소홀로 2002년 이후에는 수요자나 거래자 사이에서 일반적으로 사용되는 보통명칭이 되었다고 보아 식별력이 부정되었습니다. 반대로, 'K2'의 경우 처음에는 영문자와 숫자의 단순한 조합으로 식별력이 인정되지 않았으나, 20년 이상 등산화 등에 사용되어 수요자들이 등산용품을 만드는 회사라고 인식하면서 'K2'에 대한 식별력이 인정되었습니다. 또한 각휴지의 대명사로 여겨졌던 크리넥스나 반창고의 대명사로 여겨졌던 대일밴드도 상표권을 여전히 잘 유지하고 있습니다. 결국 상표관리가 상표권에 결정적인 차이를 가져온 것입니다.

Part 04

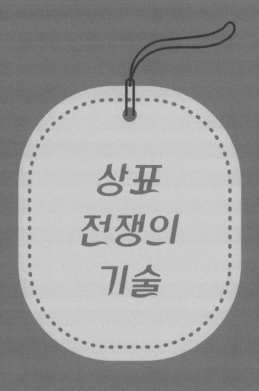

상표
전쟁의
기술

상표권 침해가 무엇인가요? 01

침해의 정의

＞＞

'상표권 침해'란 상표권자가 아닌 사람이 상표권자의 허락 없이 등록 상표를 상표로서 사용하는 것을 말합니다. 그러면 어떤 경우가 '상표로서 사용하는' 것인지, 그리고 어떤 경우가 '상표로서의 사용이 아닌지를 구분하는 일이 중요합니다.

'상표로서의 사용'은 특정 서비스나 상품을 서비스 제공자나 생산자의 표지로 사용하는 것을 말합니다. 예를 들어 일반 소비자가 나이키 상표가 붙은 트레이닝복을 입고 다닌다고 하더라도 그 사람은 나이키 상표를 자신이 제공하고 있는 서비스나 상표의 표지로 사용하고 있는 것이 아닙니다.

그러나 A음식점 직원이 다른 B음식점의 상표가 찍혀 있는 유니폼을 구해서 입고 다니며 서빙을 한다면 이는 B음식점 상표에 대한 '상표로서의 사용'으로 인정될 가능성이 매우 높습니다.

　일반적으로 다음과 같은 경우 상표권 침해가 발생합니다.

- 누군가 상표권 소유자의 상표나 유사한 상표를 허가 없이 사용하는 경우.
- 그 사람이 상품이나 서비스의 판매 또는 홍보와 같은 상거래 활동과 관련하여 상표를 사용하는 경우.
- 그러한 사용이 상품이나 서비스의 출처에 대해 소비자에게 혼동을 줄 가능성이 있는 경우.

　상표권 침해의 기준으로는 종종 '혼동 가능성'이 고려됩니다. 다양한 요인을 검토하여 상표의 사용이 출처의 혼동을 일으킬 가능성이 있는지 결정하는 것입니다. 누군가의 상표를 다른 사람이 관련이 없는 상품이나 서비스에 사용할 경우 혼동을 유발하지 않는다면 침해가 아닐 수 있습니다. 예를 들어, '나이키'라는 스포츠 용품 회사의 상표를 제3자가 '신발 등'이 아닌 '우유'에 사용한다면 상표 침해가 아닐 수도 있습니다. 혼동 가능성이 없기 때문입니다. 단, 저명상표라면 관련이 없는 상품이나 서비스에 사용했더라도 문제가 됩니다. 그 식별력이나 명성을 손상시킬 염려가 있다는 이유로 부정경쟁방지법 상의 주지/저명상표 희석행위에 해당하기 때문입니다.

만약 타인의 상표권을 침해했다면 상표법 위반으로 처벌을 받을 수 있습니다. 처벌도 매우 강력합니다. 상표를 도용하는 등 타인의 상표를 침해한 경우 상표법 제93조(침해죄)에 따라 7년 이하의 징역 또는 1억 원 이하의 벌금에 처할 수 있습니다. 이뿐만이 아닙니다. 도용당한 업체가 침해자를 상대로 손해배상소송을 청구하여 별도로 손해액을 받아낼 수 있습니다. 즉, 상표권은 침해행위에 대해 강력하게 대응할 수 있는 힘을 제공해줍니다.

상표전쟁의 흐름

그렇다면 상표 침해 분쟁은 어떻게 전개될까요? 통계에 따르면, 전체 침해 분쟁 시작은 경고장 수령이 절반 이상을 차지합니다.

보통 기업의 인지도가 상승하면 이에 따라 모조품이 시중에 유통되며 침해 분쟁이 촉발됩니다. 특정 제품이 출시된 후 잘 팔리기 시작하면 시장에서 모조품이 앞다투어 등장하는데, 이 시점에서 경고장이 발송되는 경우가 가장 많은 것입니다. 그 다음으로는 제품 출시 전 활발한 마케팅을 통해 미디어 매체의 광고 선전 또는 카탈로그가 배포되면서 제품이 알려져 권리자로부터 경고장을 수령하는 경우가 많습니다.

한편, 경고장을 발송하는 주체에 따라서 사건이 종결되는 비율에 큰 차이를 보입니다. 대기업은 경고장을 발송한 후 분쟁이 종결되는 경우가 70%

이상으로 가장 높습니다. 이에 반해 스타트업 및 중·소기업은 경고장을 발송한 후 원만히 합의하지 못하고 소송으로 이어지는 경우가 상대적으로 많았습니다. 이는 경고장을 수령한 측이 거대 자본과 권력, 전문적인 인력을 갖춘 대기업을 상대로 법적 분쟁에 맞서기 부담스럽기 때문인 것으로 예측됩니다. 침해 분쟁에서 만족할 만한 결과를 내기가 매우 어렵고 경제적인 문제도 관여되기 때문입니다. 따라서, 시시비비를 가리기 앞서 지식재산권 측면에서 여러가지로 유리한 대기업에게 승복을 하게 된 것이리라 생각됩니다.

상대적으로 열악한 환경에 있는 스타트업이나 중소기업은 상표의 무단 사용조치로서 첫 시작인 경고장 발송으로 원하는 것을 얻지 못할 때도 많습니다. 따라서 큰 분쟁으로 이어지기 전에 상대방이 상표권을 침해하였다는 보다 명확한 증거 및 상대방의 대응에 대한 대비책을 준비해야 할 필요가 있습니다.

통계에 따르면, 경고장을 수령한 후 등록권리자와 합의를 하거나 상표의 사용을 중단함으로써 사건이 종결되는 경우가 가장 많았고, 분쟁이 해결되지 않고 민사소송으로 이어진 경우가 두번째, 형사상 고발이나 시장 진입 및 유통을 저지하는 행정 조치를 통해 사건을 해결한 경우가 세번째로 많았습니다.

경고장에 의해 사건이 종결되지 않고 소송으로 이어진 경우 비용이 부담스럽고, 사건이 장기화되면서 시간적으로도 부담이 되어 사업 진행에 차질을 빚을 수 있습니다. 오랜 분쟁은 기업에 과도한 비용을 발생시키고 결국 기업의 신용 및 이미지를 훼손시켜 매출에도 절대적인 영향을 미칩니다. 결국, 이런 분쟁 사건을 경험한 대부분의 기업들은 이후 분쟁 예방 차원에서 자사의 지식재산권을 사전 등록하여 보다 철저하게 관리합니다.

상표전쟁에서 승리하려면 자신의 약점을 잘 알고, 상대를 철저히 분석해야 합니다. 분쟁을 본격적으로 시작하기 전에 자신과 상대방의 상표에 대한 등록 과정을 분석해서 무효사유를 파악하고, 자신과 상대방의 상표 사용행위를 분석하여 취소사유를 파악할 필요가 있습니다. 경우에 따라서는 상표를 추가로 출원할 필요도 있습니다. 추후 분쟁이 어떻게 진행되리라는 것을 예측하고 미리 준비할 수 있어야 침해분쟁에서 좋은 결과를 얻을 수 있습니다.

방어편

≫

특허사무소로 오시는 분들 중에는 상표권자로부터 경고장을 받았다며 놀란 채로 오시는 분이 많습니다. 심각한 경우 민사소송이 시작되어 소장을 송달받거나 고소를 당해 경찰에서 연락이 오기도 합니다. 이런 상황에서는 사태를 정확히 바라보는 침착함이 필요합니다. 실제로 잘 따져보면 침해가 성립하지 않는 경우가 많기 때문입니다.

우선 경고장을 잘 살펴보기 바랍니다. 최소한 침해하고 있다는 상대방의 상표 등록번호와 침해를 하고 있는 제품이나 서비스가 무엇인지 경고장에서 특정되어야 합니다. 만약 둘 중 하나가 없다면 해당 경고장은 의미가 없습니다. 발신자에게 두 사항을 명확히 기재해서 다시 보내달라고 하거나 무시하면 그만입니다.

무엇보다 경고장 내용을 통해 상대방의 말이 옳은지를 따져보는 일이 중요합니다. 경고장 내용에 대해 전문가의 검토를 받지 않고 침해를 인정한다는 취지의 답변을 하는 것은 위험합니다. 대부분의 경우 경고장을 보내는 측에서 사전 검토를 하겠지만, 침해 여부를 따지지도 않고 무의미한 경고장을 보내는 업체도 많습니다. 자신이 상표를 침해하였는지 판단이 서지 않는다면 해당 사건에 도움을 줄 전문가를 찾아가는 것이 좋습니다. 사건을 담당할 전문가의 유무에 따라 대응하는 방법과 그 결과가 정반대로 달라질 수 있기 때문입니다.

침해 경고장을 받은 경우 살펴봐야 할 점이 몇 가지 더 있습니다.

등록된 상표인지 확인하세요

경고장에 표시된 등록번호를 특허청 상표 검색사이트인 키프리스에서 검색하는 것도 좋은 방법입니다. 만약 등록 번호로 검색되었을 때, 상표가 소멸하였거나 거절되어 등록되지 않은 상태라면 상표 침해는 걱정하실 필요가 없습니다.

보호범위 내의 사용인지 확인하세요

해당 상표가 자신이 사용하는 상표와 유사한지 살펴보고, 사용중인 상품이나 서비스가 서로 일치하는지도 확인해야 합니다.

참고로, 이름이 유사하다고 반드시 침해가 성립하는 것은 아닙니다. 예를 들어 경고장에 표시된 등록 상표가 문자와 로고로 결합된 '로고+베스트전자'라고 해봅시다. 만약 내가 로고를 제외한 베스트전자만을 사용하였다면 등록 상표와 일부분이 동일할지라도 침해에 해당되지 않습니다. 등록 상표에서 베스트전자는 누구든지 사용할 수 있는 식별력이 없는 단어이기 때문입니다.

애초에 등록이 불가능한 문자 상표였지만 로고와 결합 되었기 때문에 상표로서 등록된 것입니다. 따라서, 베스트전자는 등록 상표일지라도 베스트전자라는 단어만으로는 어떠한 권리도 발생하지 않아 침해에 해당하지 않습니다. 반면, 식별력 있는 로고 부분을 사용하였다면 침해에 해당할 가능성이 높습니다. 따라서, 사용 중인 상표를 등록 상표와 비교하여 식별력이 있는 부분을 사용한 것인지 따져보아야 합니다.

이와 더불어, 하나 더 따져볼 사항이 있습니다. 상표 전체가 등록 전에는 식별력이 있었으나 유명해진 나머지 일정 시간이 지나 특정 상품의 명칭으로 불리는 경우로 아스피린, 엘리베이터, 샤프 등이 그렇습니다. 이는 애초에 상표였으나, 현재는 사전에 등재된 일반 명칭입니다. 이 경우 누구라도 해당 명칭을 사용할 수 있어야 하므로 등록된 권리가 무효사유에 해당하여, 침해가 성립하지 않습니다. 앞서 언급한 불닭의 사례를 기억하시면 됩니다.

상표로서의 사용인지 확인하세요

등록된 상표가 존재하고, 이와 유사한 상표를 사용했다면, 다음으로 그 상표 사용이 단순히 성명 또는 상호적으로만 또는 디자인적으로만 사용한 것인지 확인할 필요가 있습니다. 상표법은 성명이나 상호와 같은 인격권적인 성격의 표지를 통상적인 방법으로 사용한다면, 상표 등록이 되어있을지라도 누구나 사용할 수 있도록 하고 있기 때문입니다.

그렇다면, 성명 또는 상호적으로만 사용한다고 판단할 수 있는 기준은 무엇일까요? 대부분의 판례에서는 상호를 도안, 색채화, 로고 없이 평범하게 사용하였을 경우에 이를 상호의 사용으로 보고 있습니다. 상호로서 등록된 이름 그대로 '주식회사 펭귄전자'라고 평범한 서체로 기재하는 경우가 그 예일 것입니다. 따라서, 상표를 어떤 형태로 표시하여 사용하였는지 확인한 후 상호나 성명으로서의 사용인지 면밀히 판단해야 합니다.

한편, 앞서 언급하였던 아가타 강아지 디자인의 사례처럼, 상표를 단순히 디자인적으로만 사용했다는 것 또한 상표침해를 피할 수 있는 사유가 될 수 있습니다.

선사용권 여부를 확인하세요

만약, 등록상표의 출원 전부터 자신이 해당 상표를 먼저 사용하고 있었다면, 선사용권을 고려해볼 수 있습니다. 상표법은 타인의 상표 출원 전에 이미 사용하여 국내에서 어느 정도 알려진 상표의 경우 해당 상표가 등록되더라도 계속하여 사용할 수 있는 권리를 부여하기 때문입니다. 따라서, 경고장에 표시된 등록상표의 출원 시점이 자신이 상표를 처음 사용하기 시작한 시점보다 전인지 후인지를 따져야 합니다. 만약 상표를 먼저 사용하였다면 등록상표가 출원 시 어느 정도 알려진 유명세를 취득하였는지 검토해보세요. 모든 조건을 만족한다면 선사용권을 주장하여 침해 주장에 대응할 수 있습니다.

그러나 이러한 일련의 과정을 거쳐 침해인지 여부를 구체적으로 따진 후에도 결국 침해라고 판단된다면 어떻게 해야 할까요? 일단 상표의 사용을 중단하는 것이 맞습니다. 그리고 전문가를 찾아서 상대방의 상표를 취소시키거나 무효화할 수 있는 방안이 있는지를 검토해 보아야 겠습니다. 그러나 상대방의 상표에서 어떠한 약점도 찾을 수 없다면 상대방이 주장하는 요청들을 들어주는 것을 고민해 보아야 합니다.

또한 지금 사용 중인 브랜드를 변경하는 것을 고민해 보아야 합니다. 만약 상대방으로부터 상표사용권 계약을 맺어 합의를 이끌어 낼 수 있다면 상표를 계속 사용할 수도 있습니다. 이러한 합의를 라이센스 계약이라고 합니다.

누군가 나의 상표를 쓴다면 어떻게 대응하나요? 04

공격편

≫

누군가 나의 등록 상표를 유사 업종에 사용하는 것을 발견했다면 가장 먼저 어떤 조치를 취해야 할까요? 일반적으로 상표권자는 침해자를 발견하면 상표 분쟁의 첫 단계인 경고장 발송을 시작으로 상황을 해결하려 합니다. 만약, 경고장을 통해 해결이 안된다면 침해자를 고소하여 형사소송을 진행함과 동시에 민사상으로는 침해금지가처분 신청, 침해금지청구소송 및 침해로 인한 손해배상청구의 소를 진행할 수도 있습니다. 좀 더 상세히 알아봅시다.

우선 침해인지 살펴보세요

누군가 시간과 비용을 투자하여 힘들게 얻은 자신의 등록 상표를 사용한다는 사실을 알았다면 일단 그 사용이 등록 상표의 권리 범위 내에 있는지 따져 보아야 합니다. 등록 상표의 권리 범위는 그와 동일하거나 유사한 상표를 지정상품과 동일하거나 유사한 상품에 사용한 경우에 해당합니다. 권리 범위 내에서 상표를 사용했다면 결과적으로 침해가 맞다고 결론내릴 수 있습니다.

그러나 그 외에도 고려할 요소는 상당히 많습니다. 침해자가 상표를 상표로서 사용한 것인지 혹은 상호나 디자인으로서 사용한 것은 아닌지 고려해야 하고, 선사용권이나 상표권의 효력제한 사유 등은 없는지도 고려해야 합니다. 그렇지만 이러한 항변사유는 침해자가 주장하고 입증해야 할 점입니다. 만약 상대방의 행위가 내 상표권을 침해하는 것으로 결론지었다면 무엇을 해야 할까요?

경고장을 발송하세요

상표권 침해에 대한 대응방안 중 실질적 첫 단계는 경고장 발송입니다. 경고장이란 상표권자가 자신의 권리를 침해하는 것으로 판단되는 자에게 서면(주로 내용증명우편)으로 '자신이 등록번호 ○○의 상표권자이며, 받는 이가 현재 특정 행위로 상표권을 침해하고 있으므로, 침해를 중지하고 손해를 배상하는 등의 행위를 하라'라고 요청하는 서신입니다. 요청 사항에는 재발방지를 위한 각서 작성이나 합의금을 요구하기도 합니다. 경고장 자체는 단순히 요청 사항을 적은 문서에 지나지 않지만, 경고장을 내용증명으로 송달받은 후에도 상표권을 계속해서 침해하면 상대방은 추후에 고의가 아니었다는 주장을 할 수 없습니다.

침해자는 추후에 있을 손해배상청구 소송이나 형사상 소송에서 상표 사용에 고의가 있는 것으로 간주되어 법적으로 불리한 위치에 처해집니다. 따라서, 이러한 법적 경고를 무시하고 상표를 계속 사용한다면, 침해자는 추후 발생할 법적 분쟁에서 낭패를 볼 수 있습니다. 나아가 대부분의 침해자는 경고장을 받은 후 심리적 압박감으로 인해 상표의 사용을 중단하므로 사건이 종결되는 경우가 많습니다. 그럼에도 불구하고 경고장을 받은 침해자가 상표 침해가 아니라고 반박 서면을 보내거나 무대응으로 상표의 사용을 계속한다면 어떻게 해야 할까요?

적극적 권리 범위 확인심판을 고려할 수 있습니다

경고장을 시작으로 상대방과 침해 여부를 놓고 치열하게 다투는 상황 속에서 앞서 설명드린 것처럼 등록 상표와 동일한 상표를 동일 상품이나 업종에 사용하였다면 상표 침해라고 명확하게 결론내릴 수 있습니다. 그러나 대부분의 경우는 그렇지 않습니다. 어떤 사람은 등록 상표와 비슷해보인다고 하지만 어떤 사람은 전혀 달라보인다고 말할 수 있기 때문입니다. 즉, 상표를 바라보는 사람에 따라 침해 여부가 주관적으로 판단되기 때문입니다.

분쟁에서 상표권의 침해 여부가 다투어지고 있는 경우 취할 수 있는 조치는 적극적 권리 범위확인심판을 청구하는 것입니다. 이는 상표권의 보호 범위, 즉 상표권의 효력이 미치는 범위를 확인하기 위하여 청구하는 심판을 말합니다. 상표 침해인지 아닌지 그 여부를 판단하기 위한 하나의 방법이라고 생각하면 됩니다.

즉, 등록된 상표권을 중심으로 상대방이 사용한 상표가 권리 범위에 속하는지 여부를 확인하는 심판입니다. 그러나 동 심판은 권리 범위에 속하는지 여부만을 판단할 뿐, 침해를 이유로 한 손배배상청구나 금지청구는 별도로 법원에 대하여 청구해야만 합니다. 만약 심판에서 승소한다면 승소심결문은 공적인 기관인 특허심판원이 판단한 것이므로, 추후 민형사 소송에서 유력한 증거로 사용할 수 있습니다.

침해금지 소송을 청구합니다

상표권자 또는 전용사용권자는 자기의 권리를 침해한 자 또는 침해할 우려가 있는 자에 대하여 그 침해의 금지 또는 예방을 청구할 수 있으며, 이에 더하여 침해 행위를 조성한 물건의 폐기, 침해 행위에 제공된 설비의 제거나 그 밖에 필요한 조치를 청구할 수 있습니다.

침해 금지 청구 등의 조치가 가능하기 위해서는 현실적인 침해가 있거나 침해할 우려가 객관적으로 존재하는 경우여야 하며, 침해자의 고의 또는 과실 등의 주관적인 요건은 요구되지 않습니다. 보통 손해배상청구과 함께 진행하게 됩니다.

침해금지 가처분을 신청을 제기합니다

침해 금지 청구 소송을 제기한 후 확정 결과에 이르기까지는 장기간이 소요됩니다. 문제는 이 기간 동안 침해자가 증거를 인멸할 위험이 있다는 것입니다. 그러므로 상표 침해를 신속하게 금지하기 위해 법원에 침해 금지 가처분 신청을 제기할 수 있습니다. 현실적으로 침해가 이루어지고 있는 경우는 물론, 침해의 우려가 있는 경우에도 추후에 일어날 일을 예방할 수 있습니다. 이 경우, 금지 청구를 하면서 침해 행위를 조성한 물건의 폐기, 침해 행위에 제공된 설비의 제거 등 상표 침해를 방지하는 조치를 미리 청구할 수 있습니다. 가처분 신청이 인정되는 경우 피해를 최소화하기 위한 즉각적인 상표 사용 중단의 효과가 생기게 됩니다.

손해배상을 청구합니다

상표권자 또는 전용사용권자는 침해자에게 민사 소송으로 자기가 입은 손해에 대한 배상을 청구할 수 있습니다. 상표권이 공유인 경우에는 다른 공유자의 동의 없이 자신의 지분에 관한 손해배상청구를 할 수 있습니다. 손해배상의 피청구인은 상표권이나 전용사용권을 현실적으로 침해한 자이며, 침해의 우려가 있다 하여도 아직 침해에 이르지 않은 경우에는 손해배상청구의 상대방이 될 수 없습니다. 따라서 손해배상청구가 가능하려면 아래의 조건을 만족해야 합니다.

- 제3자의 위법한 권리침해가 있다.
- 침해행위에 고의 또는 과실이 있다.
- 침해로 인해 손해가 발생했다.
- 침해행위와 손해 발생사이에 상당한 인과 관계가 있다.

다만, 상표권의 특성상 그 형태가 없어 손해액을 산정하는 것이 매우 어렵습니다. 따라서, 상표법은 침해자가 얻은 이익액을 권리자의 손해액으로 추정하는 규정을 마련해 두고 있습니다.

또한, 상표법은 등록 상표임을 표시한 타인의 상표권 또는 전용사용권을 침해한 자는 그 침해행위에 대하여 그 상표가 이미 등록된 사실을 알았던 것으로 추정하는 규정(상표법 112조 고의의 추정)을 두고 있습니다.

형사고소합니다

그 밖에, 상표권자는 침해자를 상표권침해죄로 형사고소할 수도 있습니다. 상표권침해죄가 성립되는 경우 침해자는 7년이하의 징역이나 1억원이하의 벌금형에 처해질 수 있습니다. 침해자를 고소할 수 있는 기간은 침해행위의 주체를 알게 된 날로부터 6개월입니다. 그러나 우리나라의 경우 침해죄로 고소하지 않아도 검찰이나 경찰이 직권으로 조사할 수 있습니다.

경고장 발송을 시작으로 권리 범위내 사용행위인지 판단하는 적극적 권리 범위확인심판에서 형사고소 그리고 민사소송에 이르기까지 권리자가 취할 수 있는 조치는 다양합니다. 권리자는 침해사실을 확인한 후 각 조치가 얼마나 실효적일지 전문가와 상의 후 진행하는 것이 바람직합니다. 침해사건은 복잡하여 전략을 어떻게 세우는지에 따라 전혀 다른 방향으로 흘러갈 수 있기 때문입니다.

특별사법경찰관 제도

특허청은 산업재산 특별사법경찰제도를 운영하고 있습니다. 이들의 업무는 상표(위조상품)·특허·영업비밀·디자인 등 산업재산 침해에 관한 범죄사건을 수사하여 검찰에 송치하는 업무입니다. 따라서 지식재산권을 침해당했다면 일반 경찰서에 가기보다는 특별사법경찰을 통한 신고가 유리한 경우가 많습니다. 사건에 대한 이해도가 높기 때문입니다.

신고 대상은 다음과 같습니다.

- 특허권 및 전용실시권의 침해(특허법 제225조)
- 디자인권 및 전용실시권의 침해(디자인보호법 제220조)
- 상표권 및 전용사용권의 침해(상표법 제230조)
- 영업비밀로서 보유하고 있는 권리에 대한 침해: 부정한 이익을 얻거나 영업비밀 보유자에게 손해를 입힐 목적으로 영업비밀을 취득·사용하거나 제3자에게 누설하는 행위
- 부정경쟁행위: 국내에 널리 인식된 타인의 성명, 상호, 표장, 표지 등과 동일·유사한 사용행위
- 부정경쟁행위: 타인이 제작한 상품의 형태를 모방한 상품의 양도 등 사용행위

절차는 다음과 같습니다.

침해신고 접수(고소, 고발 등) → 침해 유형별 전문 수사관 배정 및 수사 개시 → 침해 유형별 전문 수사관 배정 및 수사 개시 → 신고인 진술과 제출자료 등을 기초로 침해사실 특정 → 증거자료(피신고인 진술, 제출자료 등) 수집 및 검토 → 수사자료 종합하여 침해여부 판단

홈페이지 : 산업재산 침해 및 부정경쟁행위 신고센터 (www.ippolice.go.kr)
전화 : 특허청 산업재산조사과 1666-6464

침해의 성립요건

≫

상표전쟁에서 누가 승리할지를 알기 위해서는 침해인지 아닌지를 우선 판단해야 합니다. 그리고 침해인지 여부를 판단하기 위해서는 상표권 침해의 성립요건을 따져보아야 합니다. 상표권 침해의 성립요건은 다음과 같으며, 모든 요건이 만족되어야 침해가 성립합니다.

1. 유효한 등록 상표권의 존재

상표권의 침해 시점에서 등록 상표권이 유효하게 존재하여야 한합니다. 만약 상표가 무효심판으로 인해 무효가 되면 그 권리는 소급하여 소멸하므로 침해가 인정되지 않습니다. 침해 행위 시점이 상표의 등록 전이거나, 상표가 존속기간 만료로 소멸한 경우에도 마찬가지입니다.

출원 후 등록 전에도 권리행사가 가능한가요?(손실보상청구권)

A. 이미 등록된 상표권자의 권리는 법으로 보호 받는 사실을 알았습니다. 그렇다면 출원 후 등록 대기 중인 상표를 누군가 무단 사용하는 것에 대해서도 보호가 가능할까요?

우리나라 상표법에는 일정 요건 하에 등록이 되지 않은 상표라도 출원인을 보호하는손실 보상 청구권 제도가 있습니다. 이는 출원공고 이후에 누군가 나의 상표를 사용하였을 경우 서면으로 경고하고 손실된 비용을 청구할 수 있는 권리입니다. 즉, 상표 출원 후 등록되기 이전의 상표를 제3자가 사용하여 출원인이입은 업무상 손실을 보전하는 금전적 청구권을 일컫습니다.

상표권은 설정등록을 한 후에 효력을 가집니다. 그러므로 상표가 등록되기 전에 동일하거나 유사한 상표를 사용해도 위법이 되지 않습니다. 따라서, 손실보상청구권은 손해배상 청구권 및 부당이득반환청구권과는 그 성격이 다릅니다. 상표법이 출원인을 특수하게 보호할 수 있도록 채권 권리를 인정하는 금전적 청구권이라고 보면 됩니다. 나아가 특허청이 해당 상표 출원을 거절하거나 또는 등록 후 무효심결이 확정된 경우에는 처음부터 손실 보상 청구권이 발생하지 않는 것으로 보므로 해제조건부 권리라 할 수 있겠습니다. 그렇다면, 손실보상청구권이 발생하는 요건을 살펴보겠습니다.

손실보상청구권이 발생하기 위하여는 권원없는 제3자가 해당 상표 출원에 관한 지정상품과 동일, 유사한 상품에 대하여 해당 상표 출원에 관한 상표와 동일, 유사한 상표를 사용하여야 합니다. 이때, 출원인은 "서면"으로 "경고"를 하여야 하며, 특허법상의 보상청구권과는 달리 설령 상대방이 악의로 사용하는 경우일지라도 경고를 한 경우에만 발생합니다. 한편, 출원공고 후에는 서면으로 경고만 하면 족하나, 출원공고전이라면 해당 상표 등록출원의 사본을 함께 제시하여 서면으로 경고하여야 합니다.

손실보상청구권은 경고 후 상표권을 설정하고 등록할 때까지 발생한 업무상 손실에 대한 보상금을 청구할 수 있는 권리입니다. 제3자는 경고 후에도 상표를 계속 사용해야 하며, 경고 후 사용을 중지한 경우에는 손실보상 청구를 할 수 없습니다. 출원인은 제3자가 사용한 상표로 인해 업무상 손실을 입어야합니다. 이때 제3자에게 이익이 발생했는지는 중요하지 않습니다. 한편, 출원인이 해당 상표를 사용하고 있는 경우에만 업무상 손실이 발생하는 것으로 보기 때문에 출원인 또한 상표를 지정상품에 실제로 사용하고 있어야 합니다.

이 모든 요건을 만족하면 출원인은 출원공고 후 상표권 등록이 대기 중인 상황에서 누군가 해당 상표를 사용했을 때 발생한 업무상 손실에 상당하는 보상금의 지급을 청구할 수 있습니다. 다만, 손실보상청구권 행사는 상표가 등록되기 전까지는 행사할 수 없습니다. 손실보상청구권과 상표권은 별개의 권리이므로 서로 영향을 미치지도 않습니다. 또한 손실보상청구권을 행사하는 경우 청구하는 손실보상액은 원칙적으로 출원인이 입증하여야 합니다.

그러나 상표 출원을 포기하거나 취하한 경우, 출원이 무효가 된 경우, 출원에 대한 상표 등록이 거절로 결정된 경우 손실보상청구권은 소멸합니다. 나아가 손실보상청구권은 상표권의 등록일로부터 3년간 행사하지 않거나 제3자가 출원상표를 사용한 날로부터 10년을 경과한 때에는 시효로 인하여 소급됩니다.

한편 손실보상청구권을 행사한다면 상대방은 출원공고된 상표에 대해 이의신청을 하는 경우가 많고 그만큼 상표등록이 지연되는 경우가 많습니다. 그러므로 손실보상청구권을 행사할지 아니면 상표가 등록되는 것을 기다려 손해배상을 청구할지는 고민해 보아야 할 사항입니다.

2. 상표적 사용에 해당

상표적 사용이라는 것은 사용하는 상표가 상품이나 서비스를 제공하는 자의 출처의 표시로 사용되어야 한다는 의미입니다. 즉 사용자가 브랜드로 인식해야 한다는 의미입니다. 상표를 출처의 표시가 아닌 디자인으로서만 사용한다면 상표 침해는 발생하지 않습니다.

그렇다면 만약 누군가가 타인 상표의 로고를 디자인으로 사용한다면, 이는 상표가 아닌 디자인 사용이기 때문에 상표권 침해에는 해당하지 않을까요? 심미감을 주는 디자인으로만 사용된다면 상표적 사용에 해당하지 않아 상표권 침해가 성립하지 않는 것이 일반적입니다. 그러나, 디자인으로 사용된다고 하더라도 출처 표시 기능(상표적 사용)을 가질 수도 있기 때문에 이 경우에는 상표권 침해가 성립할 수 있습니다.

즉, 상표를 디자인으로만 사용하는 것과 별개로, 그 자체가 출처로 인식되면 상표권 침해가 될 수 있습니다. 반면, 상표가 출처로 인식되지 않고 디자인으로만 인정되면 상표권 침해가 되지 않습니다. 대법원 판례에서도 같은 취지로 디자인적 사용과 상표적 사용 사이의 관계를 다음과 같이 정의하였습니다.

> 디자인과 상표는 배타적, 선택적인 관계에 있는 것이 아니므로 디자인이 될 수 있는 형상이나 모양이라고 하더라도 그것이 상표의 본질적인 기능이라고 할 수 있는 자타 상품의 출처 표시를 위하여 사용되는 것으로 볼 수 있는 경우에는 위 사용은 상표로서의 사용이라고 보아야 한다'

디자인적 사용 혹은 상표적 사용이라고 설명하면 이해하기 어렵습니다. 몇 가지 사례를 예시로 들어 디자인적 사용과 상표적 사용에 대해서 살펴보겠습니다.

앞서 아가타의 등록 상표의 형상을 사용하여 목걸이용 펜던트를 판매하는 행위에 대해, 디자인으로서만 사용된 것일 뿐 상품의 식별표지로 사용된 것이라고 볼 수는 없다 하여 침해를 불인정한 사안이 상표적 사용에 해당하지 않는 예입니다. 반면에 디자인을 모방하는 경우에도 출처를 혼동하게 만드는 경우 상표적 사용으로 볼 수 있는 경우가 있는데, 이는 앞서 언급한 천더시웅의 예가 이에 해당합니다.

또한, 대법원은 버버리의 격자무늬 등록 상표가 사용된 남방셔츠, 페라가모의 말발굽 모양 상표형상의 장식을 가진 구두, 루이비통 문양이 새겨진 가방과 지갑을 판매한 행위에 대하여 상표적 사용을 인정하여 침해를 인정한 바 있습니다.

특정 표장이 상표로서의 기능을 발휘하는지 여부는 '상품과의 관계', '해당 표장의 사용 양태(상품 등에 표시된 위치, 크기 등),' 등록 상표의 주지·저명성', '사용자의 의도와 사용 경위' 등을 종합하여 실제 거래계에서 그 표시된 표장이 상품의 식별표지로서 사용되고 있는지 여부를 종합하여 판단하여야 한다는 것이 대법원의 태도입니다.

3. 상표권의 보호범위 내의 사용

상표의 침해가 성립하려면 상표권의 보호 범위 내에서의 사용이어야 합니다. 상표권은 이른바 '동일영역 안에서의 전용권'과 이를 실효적으로 보장하기 위한 '유사영역 안에서의 금지권'을 가집니다. 따라서 법률상 정당한 권원이 없는 제3자가 상표권자가 가지는 전용권을 해치는 행위를 하거나 유사영역 안에서의 사용으로 상표권의 금지권 범위에 속하는 행위를 했다면 상표권을 침해한 것입니다. 즉, 일반 수요자의 출처 혼동 방지를 위하여 상표권 침해는 등록 상표의 동일영역 뿐 아니라 유사영역에서의 사용에 대해서도 인정되는 것입니다. 여기에서 말하는 유사범위 내의 사용이란 표장이 서로 유사하면서 상품도 서로 유사한 경우를 말합니다. 표장의 유사와 상품의 유사에 대해서는 3장을 참조해 주세요.

4. 사용한 자에게 정당한 권원이 없을 것.

타인의 상표 사용 행위가 상표권의 침해가 되기 위해서는 법률상 정당한 권원 없이 사용하여야 합니다. 즉, 상표권자의 허락을 받았다면 상표 침해가 성립하지 않을 것입니다. 상표 사용 허락을 받는 경우 이를 문서화 해두어 미래의 분쟁을 대비해야 하고 나아가 사용권을 상표등록원부에 등록하는 방법도 있습니다.

상표법 제99조에서 규정하는 '선사용권자' 등의 사용도 그 사용권의 범위 안에서는 상표권 침해에 해당하지 않습니다. 여기서 말하는 선사용권자는 부정경쟁의 목적 없이 국내에서 계속 상표를 사용해 온 자로, 상표권자의 상표 출원 시 이미 특정인의 상표로 인식된 상표의 사용자를 말합니다.

5. 상표권의 효력이 제한되는 경우가 아닐 것

상표법 제90조(상표권의 효력이 미치지 아니하는 범위) 등 상표권의 효력이 제한되는 경우의 상표사용은 상표권 침해가 아닙니다. 구체적으로 다음과 같은 경우입니다.

- 자기의 성명 · 명칭 또는 상호 · 초상 · 서명 · 인장 또는 저명한 아호 · 예명 · 필명과 이들의 저명한 약칭을 상거래 관행에 따라 사용하는 상표.
- 등록 상표의 지정상품과 동일 · 유사한 상품의 보통명칭 · 산지 · 품질 · 원재료 · 효능 · 용도 · 수량 · 형상 · 가격 또는 생산방 · 가공방법 · 사용방법 및 시기를 보통으로 사용하는 방법으로 표시하는 상표.
- 입체적 형상으로 된 등록 상표 중 그 입체적 형상이 누구의 업무에 관련된 상품을 표시하는 것인지 식별할 수 없는 경우, 등록 상표의 지정상품과 동일 · 유사한 상품에 사용하는 등록 상표의 입체적 형상과 동일 · 유사한 형상으로 된 상표.
- 등록 상표의 지정상품과 동일 · 유사한 상품에 대하여 관용하는 상표와 현저한 지리적 명칭 및 그 약어 또는 지도로 된 상표.
- 등록 상표의 지정상품 또는 그 지정상품 포장의 기능을 확보하는 데 불가결한 형상, 색채, 색채의 조합, 소리 또는 냄새로 된 상표

그러므로 자신의 성명이나 상호 등을 상거래 관행에 따라 사용하거나, 식별력이 없거나, 독점적응성이 없는 상표를 사용하는 경우에는 상표권의 효력이 미치지 않습니다. 여기서의 독점적응성이 없는 상표란 독점을 허용하는

경우 거래 상 타인의 불편을 가져오는 경우를 말합니다. 예를 들어 특정 상품에 필수적인 색상이나 입체적인 형상은 독점적응성이 없는 경우입니다. 소방차에 대한 빨간색 색채 상표라든지, 술병에 대한 일반적인 술병의 형태의 입체 상표 등은 상표로써 등록되었더라도 그 상표권의 효력을 제한하겠다는 취지입니다.

상표권의 행사가 권리남용에 해당되는 경우도 침해가 아닙니다

예를 들어, 상표권의 행사가 상표제도의 근본 목적이나 기능을 일탈한 경우에는 상표권 침해가 성립하지 않습니다. 판례에 따르면 상표권의 등록이 자기의 상품을 타인의 상품과 식별시킬 목적으로 한 것이 아니고 국내에서 널리 인식되어 사용되고 있는 타인의 상표와 동일·유사한 상표를 사용하여 일반 수요자로 하여금 타인의 상품과 혼동을 일으키게 하여 이익을 얻을 목적으로 형식상 상표권을 취득하는 것이라면 그 상표의 등록출원자체가 부정경쟁행위를 목적으로 하는 것으로 간주됩니다. 따라서 가사권리행사의 외형을 갖추었다 하더라도 이는 상표법을 악용하거나 남용한 것이 되어 상표법에 의한 적법한 권리의 행사라고 인정될 수 없다고 판시하였습니다.

또한, 등록 상표권에 무효사유가 명백한 경우에도 상표권 침해가 성립하지 않습니다. 대법원은 상표권 침해사건에서 무효 사유가 명백한 권리에 의한 권리행사를 인정하는 경우 상표 사용에 관한 공공의 이익을 해하고 상표법의 목적에 반하며, 실질적 정의와 당사자 사이의 형평에 어긋난다는 점을 근거로 들었습니다. 따라서 등록 상표에 대한 등록무효 심결이 확정되기 전이더라도 상표 등록이 무효심판에 의해 무효로 될 것임이 명백한 경우에는 상표권에 기초한 침해 금지 또는 손해배상 등의 청구를 하더라도 특별한 사정이 없는 한 권리남용에 해당하여 허용되지 아니한다고 보아야 하고, 상표권 침해소송을 담당하는 법원으로서도 상표권자의 그러한 청구가 권리남용에 해당한다는 항변이 있는 경우 그 당부를 살피기 위한 전제로서 상표 등록의 무효 여부에 대해 심리·판단할 수 있다고 판시하였습니다.

조심하세요, 상표 브로커! 06

브랜드 소유자를 위한 팁 1

상표 브로커는 모두 한번쯤 들어보셨죠? 뉴스에서도 자주 등장하던 단어입니다. 주로 외국에서 활동하는 상표 브로커는 한국 기업의 상표가 외국에서 등록 되지 않은 사실을 이용하여 무단 도용 후 외국에서 등록 받은 다음, 해당 기업이 해외로 진출할 때 거액의 배상금이나 합의금을 요구합니다.

상표 브로커는 우리나라의 선출원제도를 악용하여 국내에서 인지도가 높거나 국내에서는 알려지지 않은 브랜드라도 해외에서 인지도가 높은 상표를 국내에 출원합니다. 반대로 국내에서 인지도가 높지만 해외에서 아직 알려지지 않은 상표를 해외에 출원하기도 합니다. 이후 상표를 정당하게 사용하려는 사람이 출원을 하려고 할 때 상표 브로커의 출원 사실을 인지하면 곤란해집니다. 상표 브로커는 상표권을 넘겨주는 대신 말도 안 되는 높은 금액을 요구하거나 독점 납품 계약을 성사시킬 목적으로 접근합니다. 상표 브로커의 주 타겟은 지식 재산권에 대해 잘 알지 못하여 상표 관리에 소홀한 개인이나 중소기업입니다.

상표 브로커는 중국에서 가장 많이 활약하고 있으므로, 중국에서의 이야기를 주로 들려드리겠습니다. 과거에 유명했던 중국 상표 브로커 김광춘 이야기를 들어 보셨나요? 김광춘은 중국에서 활동하는 대표적인 상표 브로커로, 한국 기업의 상표 수백 여 건을 무단으로 보유하고 있습니다. 그는 텔레비전 매체에서 자신은 정당한 사업을 하고 있다며 당당한 모습을 보여 공분을 사기도 했습니다. 그는 중국에서 무단으로 한국 상표를 등록한 후 이를 되팔아 상표 당 30,000위안(약 5백만 원) 이상의 수익을 챙겼습니다.

그렇지만 중국에서 무단선점된 상표를 5백만 원에 사올 수 있다면 다행입니다. 수천만 원에 거래되는 상표도 많으니까요. 애플은 중국의 한 기업이 이미 차지한 'iPad' 상표를 6천만 불(약 7백억 원)에 사들였습니다.

중국에서의 상표 브로커는 한국에서 널리 알려진 브랜드가 중국에서 유명해지기 전에 해당 상표를 중국에 미리 출원하여 등록 받는 전략을 씁니다. 그들이 상표를 베끼는 형태는 아주 다양한데요. 그 경우는 다음과 같습니다.

- 한글을 그대로 쓰는 경우
- 한글에 중문을 결합하는 경우
- 로고에 중문이나 영문을 결합하는 경우
- 한자음을 변환하는 경우

- 한글 상표나 영문 상표를 중국어로 재출원하는 경우

위에서 열거한 예시는 모두 이런 식으로 모방된 상표입니다. 위 상표들을 처음 보는 우리나라 사람은 당연히 한국 기업이 중국에 상표를 등록했다고 생각하겠지만, 상표 브로커가 중국에 미리 출원하여 등록 받은 상표입니다. 위에서 언급한 한글 상표나 영문 상표를 중국어로 재출원하는 경우는 더욱 주의해야 합니다. 중국에서는 어떤 이름이든 중국식으로 바꿔 부르는 것을 좋아하기 때문입니다. 한글 상표를 중국에서 등록 받아 안심하고 있더라도, 그에 대응되는 중문 상표가 브로커에게 선점될 수 있습니다. 영문 상표도 마찬가지인데, 상표가 유명해지면 중국식 이름이 다시 생기게 됩니다. 예를 들어, KFC를 '켄더지', 맥도날드를 '마이땅라오', 스타벅스를 '싱바커'라고 부릅니다.

중국인은 중국어로 된 상표를 보고 세계적으로 통용되는 브랜드 로고를 떠올립니다. 중국어로 출원한 '싱바커'가 당연히 스타벅스라고 생각하는 것이지요. 한국 상표가 중국에서 다른 이름으로 불리기 시작하면, 그 이름까지 상표로 등록 받아야 합니다. 그래서인지 처음부터 중국어로 브랜딩을 하여 중국에 진출하는 회사도 많습니다. 오리온이 '좋은 친구'를 의미하는 '하우리요'를 초코파이의 중국 이름으로 브랜딩한 것이 좋은 예입니다.

그렇다면 상표 브로커는 어떻게 한국 상표를 선점할까요? 주로 다음과 같습니다.

- 한국에서 유명하지만 외국에 출원하지 않은 상표를 먼저 출원해 버리는 경우.
- 외국 현지에서 해당 제품을 유통하던 회사가 해당 제품에 관한 상표권을 자신의 이름으로 출원하는 경우.
- 유명 브랜드를 가진 대기업이나 프랜차이즈가 한국에 상표 출원을 할 때 이를 지켜보던 상표 브로커가 중국에 바로 동일한 상표를 출원하는 경우.

상표 브로커가 특정 기업의 상표를 중국에 등록한 후에는 상표를 되찾기가 매우 어렵습니다. 이를 되찾기 위한 가장 편한 방법은 상표 브로커로부터 이를 인수하는 방법인데요. 자신의 고유 브랜드를 상표 브로커에게 구매해야 하는 아이러니한 상황입니다. 이때 인수 비용이 출원 비용의 최소 몇십 배에 달하기도 합니다.

상표 브로커에게 빼앗긴 상표를 인수하기가 어렵다면, 상표를 되찾기 위한 정식 절차를 따라야 합니다. 상표 이의신청, 무효심판, 소송 등의 까다로운 과정을 거쳐야 하는데요. 비용이 만만치 않고 외국 법인이 브로커에게 패소하는 사례가 자주 있습니다. 다만, 중국에서도 이러한 상표 브로커 때문에 최근 상표법을 개정하였으며, 원래의 상표 주인이 상표를 찾아오는 사례가 점점 늘고 있습니다.

상표 브로커에게 상표를 선점당하지 않으려면 진출하려는 국가에 상표를 빠르게 출원하는 것이 가장 좋은 방법입니다. 특히 중국은 해외에서 유명한 상표가 중국에서 알려지지 않은 경우 해당 상표가 유명하다고 인정하지 않는 경향이 강합니다. 따라서, 특정 브랜드를 중국에 진출하려는 계획이라면 반드시 중국 상표를 먼저 출원해야 합니다.

최근에는 중국 외에 베트남, 태국 등의 아세안 국가도 한국 브랜드를 노려 상표 도용이 증가하고 있습니다. 고심하여 만들어낸 상표를 지키려면 상표 브로커를 피해 빠른 출원을 진행할 것을 권해드립니다.

브랜드 소유자를 위한 팁 2

≫

원상표사용자가 상표를 계속 사용하였으나 상표 등록을 하지 않아, 원상표 사용자의 상표를 모방한 상표가 먼저 출원되거나 등록된 경우가 있습니다. 선 출원된 모방상표가 등록되면 원상표 사용자는 치명적인 타격을 입게 됩니다.

우리나라는 상표를 먼저 사용한 사람이 아닌 먼저 출원한 사람에게 상표 권을 부여하는 선출원주의 제도를 채택하고 있습니다. 이는 법 운용상 우리 나라뿐만 아니라 전세계 대다수의 국가에도 적용되고 있습니다. 반대로 미 국에서 주로 채택하는 선사용주의는 먼저 사용한 사람에게 상표권을 주는 제도로 상대적으로 보기 드문 제도입니다.

선출원주의의 단점은 모방상표를 막기 어렵다는 것입니다. 먼저 출원한 자에게 상표 등록을 주는 것이 원칙이므로, 모방상표를 막기 위해서는 그 모방상표의 출원이 거절사유에 해당하여야만 합니다. 현재 상표법에서는 모방상표의 피해가 날로 심각해지는 점을 감안하여 이를 방지하기 위한 규정을 마련해놓았습니다.

상표법 제34조 제1항 제13호는 국내 또는 외국의 수요자들에게 특정인의 상품을 표시하는 것이라고 인식되어 있는 상표와 동일 또는 유사한 상표로서 부당한 이익을 얻으려 하거나 그 특정인에게 손해를 입히려고 하는 등 부정한 목적으로 사용하는 상표는 등록 받을 수 없다고 규정하고 있습니다. 이는 국내 또는 해외에서 사용되고 있는 선사용상표가 국내에 등록되어 있지 않음을 기회로 제3자가 이를 모방한 상표를 등록함으로써 부당한 이익을 얻는 것을 방지하기 위함입니다.

본 규정은 아래와 같은 경우 등에 적용됩니다.

- 부당한 이익을 얻으려 하거나 특정인에게 손해를 가하려고 출원한 경우
- 상표사용자가 국내시장에 진입하는 것을 저지하거나 대리점 계약 체결을 강제할 목적으로 출원한 경우
- 저명상표의 출처표시기능을 희석화하기 위한 목적으로 출원한 경우

국내 또는 외국의 수요자에게 인지도가 높은 특정상표가 존재하는 경우, 이와 전혀 관련이 없는 제3자가 먼저 출원을 하였다면 그 출원을 거절하고, 등록된 상표라면 무효화하는 것이 법의 주요 내용입니다.

또한 동법 20호에서 '동업·고용 등 계약관계나 업무상 거래관계 또는 그 밖의 관계를 통하여 타인이 사용하거나 사용을 준비 중인 상표임을 알면서 그 상표와 유사한 상표를 출원한 경우'를 부등록사유로 규정하고 있으며, 동법 21호에서는 '외국(정확히는 조약당사국)에 등록된 상표와 동일·유사한 상표로서 그 등록된 상표에 관한 권리를 가진 자와의 동업·고용 등 계약관계나 업무상 거래관계 또는 그 밖의 관계에 있거나 있었던 자가 그 상표에 관한 권리를 가진 자의 동의를 받지 아니하고 그 상표와 유사한 상표를 출원한 경우'를 무효사유로 규정하고 있습니다.

따라서 타인에게 상표를 빼앗긴 경우, 위의 규정을 이용하여 모방상표의 등록을 저지하거나 등록을 무효화시켜야 합니다.

모방상표가 아직 출원단계인 경우

상표 브로커의 모방상표가 출원된 이후 어떤 상태에 있는지에 따라 피해를 당한 브랜드의 조치는 달라집니다. 아직 심사가 진행중이라면 위의 규정들에 기초하여 정보제공이나 이의신청제도를 이용하여 등록거절을 요구해야 합니다. 출원공고 전이라면 정보제공을 할 수 있고, 출원공고 이후라면 이의신청을 할 수 있습니다.

여기서 주의할 점은 심사 후 거절이유가 없다고 판단하여 심사관이 출원공고를 하고 나면 이로부터 2개월 내에만 이의신청제도를 이용할 수 있다는 점입니다. 이의신청제도는 기간에 제약이 있지만 정보제공에 비하여 심사관의 응답의무나 절차보장이 법적으로 보장되므로 실제로 더 많이 이용되고 있습니다.

모방상표가 이미 등록 완료되었다면

안타깝게도 등록이 완료된 상표라면 무효심판이나 취소심판을 제기하여 권리를 소멸시키는 방법밖에 없습니다. 그러나 출원 중에 제기하는 이의신청이나 정보제공에 비하여 심판비용이 많이 들고, 등록상표가 존속하고 있는 상태에서 무효확정까지의 기간도 오래걸려 청구인 입장에서는 부담될 것입니다. 또한, 이미 등록된 상표가 무효한지 아닌지를 판단하는 과정은 출원중인 상표와 비교했을 때 더 까다롭습니다. 이미 부여된 권리를 소멸시키는 것이기 때문에 그 취급이 다릅니다. 따라서, 모방상표의 출원사실을 알았다면 등록이 되기 전에 대응을 신속히 해야 합니다.

그러나 개인이나 작은 기업은 모방상표의 출원 사실을 알아도 적절히 대응하기가 어렵습니다. 모방 상표로 인해 피해를 입은 기업이 몇개월 또는 몇년씩 제품을 판매하면서 상표를 사용하지 못한다면 과연 그 기업은 얼마나 오래 생존할 수 있을까요? 이런 경우 다시 상표권을 찾는다고 해도 이미 심각한 타격을 입고 만신창이가 된 후일 것입니다. 따라서 하루라도 빨리 전문가를 찾아가 적절한 조치를 취할 수 있도록 도움을 받는 것이 중요합니다.

모방 상표를 찾아내서 권리를 소멸시키는 것보다 더 중요한 것은 앞으로의 관리입니다. 이 경험을 발판으로 삼아 새로운 브랜드를 런칭하는 경우 사전에 상표를 출원하여 상표권을 확보해 놓고 사업을 영위하는 것이 가장 바람직합니다.

Part 05

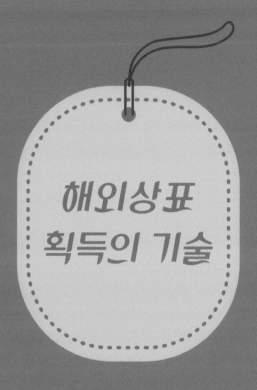

해외상표
획득의 기술

해외상표, 수출이나 해외 진출이 예정된 기업이라면 반드시 준비하세요 01

국내 한 중견 화장품 회사가 새 브랜드를 런칭하며 한류 열풍을 겨냥해 중국 시장에 진출하려다 낭패를 봤습니다. 국내에서 대대적으로 브랜드 출시 행사를 열고, 한 달 뒤 중국에서 상표를 출원했지만 이미 중국에 동일 상표가 출원되어 있던 것입니다. 어떻게 된 일일까요? 중국에서 한국 화장품을 전문적으로 수입하는 판매상이 이 소식을 알고 중국에 같은 상표를 미리 출원한 것입니다. 결국 중국 진출을 미룰 수밖에 없었습니다.

또 다른 사례입니다. 중국 진출을 준비하던 식품 프랜차이즈 업체 A사는 현지 상표 브로커가 자사 상표를 등록한 사실을 뒤늦게 인지했습니다. 그러나 A사는 중국 내 인지도가 없었고, 상표 사용 증거 또한 자료가 불충분했기 때문에 현지 상표 브로커에게 승소하기 어렵다고 판단했습니다. 더군다나 선점 상표의 한자표기도 상이하여 상표를 되찾기 힘든 상황입니다.

이처럼 한류 열풍을 타고 중국과 동남아시아 등에서 국내 기업의 브랜드가 무단으로 선점을 당하는 사례가 늘고 있습니다. 특히 상표 브로커가 활개치는 중국에서 국내 기업들의 피해는 더욱 심각합니다. 상표 브로커의 상표 선점은 상품 판매를 목적으로 하기보다는 국내 기업에게 상표권을 되팔아 경제적 이득을 취하기 위한 경우가 대부분입니다. 특허청은 중국 등 아시아권에서 상표 브로커가 선점한 국내 기업의 브랜드가 상당히 많은 것으로 보고 지속적으로 홍보자료를 배포하고 지원사업을 운영하고 있습니다.

만약 국내 기업이 해외 진출을 시도할 때 진출할 국가에 먼저 상표를 출원하지 않으면 금전적 손실은 물론 시장 진출 자체가 막히는 경우가 발생합니다. 따라서 분쟁에 취약한 중소기업일수록 해외로 진출하기 전 해당 국가에 상표 출원을 선행해야 합니다. 그럼에도 불구하고 자사 브랜드가 악의적으로 선점을 당했다면 특허청 산하기관인 한국지식재산보호원 등에서 운영하는 지원사업의 도움을 받아 상표를 다시 가져오는 방법을 권해드립니다.

국제 지재권분쟁 대응전략 지원사업

수출(예정) 중인 중소·중견기업이라면 한국지식재산보호원(www.ip-navi.or.kr) 홈페이지를 통해 사업 정보 확인 및 신청이 가능합니다.

신청기간 : 매년 3월(예정)부터 예산소진 시까지
총비용 : 최소 1,000만원 ~ 최대 6,000만원까지
기업부담 : 스타트업(현금 10%, 현물 20%), 중소기업(현금 20%, 현물 10%), 중견기업(현금 30%, 현물 20%)

상표권은 속지주의 원칙을 따르므로 국내에 등록이 되어 있어도 해외에서는 그 권리를 보호 받을 수 없습니다. 따라서 특정 국가에 대한 수출이나 해외 진출이 예정되어 있다면 해당 국가에서도 상표를 출원하여 등록을 받아야 합니다. 원칙이 그러하니 상표를 해외 국가에도 출원하여 해외상표를 획득할 필요성은 상당히 명료합니다. 해외 상표의 등록 방법에 대한 일반적인 이야기를 해보겠습니다.

우선 해외로 상표를 출원하여 등록 받을 수 있는 경로는 크게 두 가지로 나뉩니다. 첫번째 방법은 개별 국가에 대한 직접 출원이고, 둘째는 상표를 국제적으로 등록하는 '마드리드 협정에 대한 의정서(Madrid Protocol, 이하 마드리드 의정서)'에 따른 출원입니다.

직접출원

개별 국가에 상표를 직접 출원하는 방법입니다. 국내 기초 출원의 유무 등을 불문하고, 원하는 국가에 상표를 등록할 수 있습니다. 국내에 출원된 상표와 외관이 상이해도 전혀 문제가 없으며, 출원 마감일도 별도로 존재하지 않기 때문에 출원 방법이 가장 자유롭습니다. 다만, 각각의 국가에 대한 출원일이 모두 달라지게 되고, 관리도 모두 각각해야 합니다.

만약 한국에 먼저 출원된 상표가 있는 경우 출원일로부터 6개월 내에 다른 국가에 출원하면 파리조약에 따른 우선권을 인정받을 수 있습니다. 즉, 다른 국가에 늦게 출원해도 한국에 먼저 출원한 출원일이 인정된다는 의미입니다. 다만, 우선권이 인정되려면 해외에 출원하는 상표가 국내에 출원된 상표와 동일한 상표이어야 합니다.

첫번째 경우처럼 해외대리인을 통해 해외 상표를 출원할 경우, 국내의 특허사무소를 소통 창구로 하고 해외의 특허사무소를 통해 출원하게 됩니다. 해외 대리인 비용 및 관납료 외에 국내 대리인 수수료가 추가로 발생합니다. 그러나 각국 상표법에 능통한 현지 대리인이 출원부터 등록 업무를 진행하고, 고객의 사업을 잘 알고 있는 한국 변리사들이 이들을 감독하기에 훨씬 더 정확합니다. 해당 국가의 상표에 관해 잘 알고 있는 현지 대리인이 맞춤형 설계를 통해 해당 국가의 상표를 진행한다는 점은 간과할 수 없는 큰 장점입니다.

마드리드출원

마드리드 의정서는 한 번의 출원으로 여러 국가에 상표를 출원한 것과 동일한 효과를 가져오는 출원 시스템입니다. 즉, 각 나라마다 상표를 출원해야 하는 번거로움을 한번의 출원으로 해결할 수 있기 때문에 편리합니다. 절차가 간소하고 비용도 절감할 수 있는 국제상표 출원방식입니다.

마드리드 의정서를 통한 상표 출원 시스템의 절차는 다음과 같습니다. 첫째, 국내에 출원된 상표나 등록된 상표를 기준으로 출원하고자 하는 국가를 지정한 국제출원서를 국제사무국(International Bureau, WIPO)에 제출합니다. 둘째, 국제사무국은 국제 출원에 관한 방식심사를 진행한 후 이를 국제등록부에 등재하고, 국제공보에 공고한 다음 출원한 각국 관청에 통지합니다. 셋째, 각 국가 관청에서 국제출원을 심사한 후 거절이유를 발견한 경우, 영역확장통지일로부터 12개월 이내(18개월로 연장 가능)에 국제사무국에 거절통지를 해야 합니다. 만약 각국 관청이 국제사무국에 대하여 거절통지를 하지 않았을 경우, 그 국가에 등록된 것과 동일한 효력이 발생합니다.

앞서 설명했듯이 마드리드 의정서를 통한 국제상표 등록출원제도의 장점은 한번의 국제출원으로 여러 국가에 상표를 간편하게 등록할 수 있다는 점입니다. 또한 등록 후에도 하나의 국제등록부로 모든 국가에서 효력이 발생하는 권리이전, 존속기간갱신 등을 일원적으로 관리할 수 있다는 것도 장점입니다. 더 나아가 사후 지정국 추가라는 시스템이 있어 출원을 원하는 국가가 생긴다면 해당 국가를 추후에 추가할 수도 있습니다.

또한, 상표를 개별국가에 직접 출원하는 것이 아니므로, 현지 대리인을 선임할 필요가 없습니다. 그래서 만약 심사 후 등록까지 순조롭게 이루어진다면 비용을 상당부분 절감할 수 있습니다. 그러나 만약 각 지정국가의 심사과정에서 거절이유가 발생한다면 그에 대한 대응은 해외 대리인을 통해야 합니다. 이때 해외 대리인을 선임해야 하므로, 상표를 등록하는 과정에서 거절이유를 통지받는다면, 대응하기 위해 비용이 추가됩니다.

마드리드 의정서를 통한 국제상표 등록출원제도의 단점은 마드리드 출원이 기초 상표의 존재를 전제로 한다는 점입니다. 그러므로 기초 상표와 표장이 달라지거나 기초 상표의 지정상품과 다른 상품을 추가하는 것은 불가능합니다.

나아가 마드리드를 통한 국제출원에서는 국제등록일로부터 5년 이내에 기초상표의 출원이나 등록이 소멸된 경우 출원한 국가에 대한 상표권이 모두 소멸될 위험이 있습니다. 따라서, 가급적이면 본국관청에 출원된 상표가 출원공고결정을 받은 후에 마드리드 의정서를 통한 국제상표 출원을 고려하는 편이 좋습니다. 마드리드 의정서를 통해 상표를 바로 출원할 경우, 국내에 등록되거나 출원된 기초 상표가 없어진다면 그에 기초한 모든 해외 상표들이 소멸되기 때문입니다. 다만, 이러한 위험은 국제등록일로부터 5년이 지나면 모두 사라집니다. 그러므로 이 기간 동안 국내상표가 무효되거나 거절되는 일은 반드시 막아야 합니다.

이처럼 해외에서 상표를 등록 받는 진행 방식은 그 선택지가 다양합니다. 출원인은 이 중 국내 상표의 유무, 기간, 비용 등을 최대한 고려하여 자신의 상황에 맞는 적절한 방법을 선택할 수 있습니다.

병행수입은
원칙적으로 허용됩니다 03

최근 고가 글로벌 브랜드 제품의 소비세가 증가하면서 개인이나 일반업체들이 해외에서 상품을 직접 구매하여 국내에 다시 판매하는 유통방식이 성행하고 있습니다. 이처럼 해외에서 생산된 제품을 상표의 고유 기능인 출처표시와 품질보증을 해치지 않는 범위 내에서 국내에 판매하는 것을 병행수입이라고 합니다.

병행수입 제품은 정품과 기능면에서 품질이 동일하나 A/S 부분에서 차이가 있습니다. 정품의 경우 공식 판매점이나 특정 서비스센터에서 A/S가 가능하지만, 병행수입 제품의 경우 해외로 제품을 보내거나 판매대행업체를 통해야만 합니다. 현실적으로 A/S를 받는 데 어려움이 있으나, 그만큼 가격이 합리적이기 때문에 병행수입은 활발히 이루어지고 있는 실정입니다.

우리나라에서는 1995년 11월부터 수입공산품의 가격 인하를 유도하기 위해 병행수입을 공식적으로 허용하였습니다. 요즘에는 세계적으로 진정상품에 대한 독점수입권자(상표권자로부터 상표 사용허락을 받은 자)의 수입뿐만 아니라 병행수입업자의 수입까지 허용하고 있습니다. 이에 따라 국내 독점판매권자나 수입상표의 전용사용권자는 위조품, 흔히 짝퉁 판매에 대해서만 법적으로 그 권리를 보호 받을 수 있게 되었습니다.

진정 상품이란 상표를 외국에서 적법하게 사용할 권리가 있는 자가 부착하여 배포한 상품을 말합니다. 상표법상 실질적인 출처의 동일성을 만족하면서 국내외 동일한 품질의 제품을 의미하는 것으로, 정품과 비슷한 개념입니다. 모조상품의 반대 개념입니다.

나이키, 아이폰, 디즈니와 같이 해외 유명 브랜드의 경우를 생각해봅시다. 이 브랜드들은 일반적으로 국내에 상표권이 있고 전용사용권자가 제품을 판매하고 있습니다. 그러므로 짝퉁을 판매하는 경우 상표권자 또는 전용사용권자의 권리를 침해하게 됩니다. 당연히 상표법 위반으로 인한 처벌을 피하기 어렵습니다.

진정 상품의 병행수입이 허용되기 위해서는 해당 브랜드 제품의 제조사가 해외뿐만 아니라 국내에도 상표권을 가지고 있어야 합니다. 국내 상표권자가 외국 상표권자의 국내 총대리점, 독점적 판매업자 또는 계열회사 관계에 있는 등 양자 간에 법률적, 경제적으로 관계가 밀접해야 병행 수입이 허용되기 때문입니다. 또한 병행수입품과 국내유통품에 부착된 상표가 국내 수요자에게 동일한 출처를 표시하는 것으로 인식되어야 적법한 행위로 볼 수 있습니다.

병행수입을 허용하는 이유는, 국내와 해외의 상표권자가 동일하므로 소비자들이 상품의 출처(원 상표권자)를 오인하거나 혼동할 우려가 없기 때문입니다. 즉, 상품 출처 표시라는 상표의 본래적인 기능을 손상시키지 않기 때문입니다. 정책적으로도 병행수입을 장려하면 상품 경쟁을 촉진하여 소비자가 상품을 선택할 기회를 확대하고 물가 조정에도 기여할 수 있습니다.

다만, 판례에 따르면 진정상품을 병행수입하더라도 상품을 소량으로 나누어 새로운 용기에 담는 방식으로 포장하는 일은 상표법 위반입니다. 판매 촉진을 위한 광고 선전을 하거나 매장 내부 간판, 포장지 및 쇼핑백, 선전광고물 홍보는 문제없지만, 사무소, 영업소, 매장의 외부 간판 및 명함은 국내 공인 대리점 등으로 오인케 할 우려가 있다는 이유로 국내 공인 대리점 등에 대한 부정경쟁방지법 위반에 해당한다는 것이 판례입니다. 따라서 병행수입 시 해당 브랜드의 상표를 외부 간판이나 명함에 활용하는 것은 특별히 주의를 요합니다.

나라별 상표 출원 전략 04

미국편

≫

미국에 상표를 등록할 때는 어떤 점에 주의해야 할까요? 미국상표의 특징을 중심으로 살펴봅시다.

사용주의 채택

대부분의 국가는 등록주의를 따르는 반면, 미국은 사용주의를 채택하고 있습니다. 따라서, 미국에서 상표등록을 받기 위해서는 해당 상표를 사용하고 있거나 적어도 사용할 예정이어야 합니다.예외적으로 다른 국가에서 등록된 상표(예: 한국에 등록한 상표)가 있다면 사용증거 제출기한을 등록 후 5년차까지 유예할 수 있습니다. 이를 두고 출원 근거(filing basis)라고 합니다. 출원 근거는 아래의 두 경우에 한정됩니다.

A. 사용 예정이거나 사용 중인 경우

'사용 예정(Intent to use)'을 선택하여 출원한다면 별다른 증명서류가 요구되지 않습니다. 그러나 '사용 중(Use in Commerce)'을 선택하여 출원한다면 실제 사용 중인 사실을 보여주는 자료와 함께 최초 사용 일자를 명시해야 합니다. 한편, 사용 예정으로 상표를 출원한 경우에는 등록 결정 후 사용 증거 및 사용선언서를 제출해야 합니다. 즉, 상표를 사용할 예정이 있다는 의사를 표시하여 출원한 경우더라도 등록 결정일로부터 6개월 이내에 사용증거를 제출해야 최종적으로 등록이 완료됩니다. 이때 사용증거는 미국에서 사용중인 제품 사진이나 영문 카달로그, 영문 인터넷 홈페이지, 아마존과 같은 쇼핑몰의 상품 정보 등을 제출할 수 있습니다.

단, 사용 증거 제출 기간은 6개월씩 5번(최대 3년)까지 연장할 수 있습니다. 또한, 등록이 완료된 후에도 6년 차에 사용 증거를 다시 제출해야 합니다. 이때 사용 증거를 제출하지 못하면 등록이 직권 취소됩니다.

B. 외국상표등록이나 외국출원을 기초로 하는 경우

이 경우 미국상표의 등록결정 후에 '외국상표출원이 등록된 후의 등록번호'와 '등록공보의 번역문'을 요구하게 됩니다. 등록 시에도 미국에서 상표의 사용을 입증할 필요가 없다는 장점이 있습니다. 다만, 등록된 외국 등록상표의 존재가 필수요건이며, 6년 차에는 마찬가지로 사용증거를 제출해야 합니다.

지정상품 심사의 엄격함

미국상표의 출원 시 지정상품의 명칭에서 문제가 자주 발생합니다. 특히 포괄적인 지정상품은 거절된다는 사실을 유념해야 합니다. 다른 나라에서는 국제상품분류체계(NICE)에 있는 영문상품명을 상품의 명칭으로 가져오면 받아들여지는 경우가 일반적인데, 미국에서는 자주 거절이유통지를 받는 이유가 됩니다.

대개는 NICE분류보다도 더 좁은 명칭으로 보정되는 경우가 많습니다. 그러므로 상품의 명칭은 현지 대리인과 협의하여 미리 검토하는 것이 바람직합니다. 거절이유(Office Action)가 나오면 거절대응 비용이 추가적으로 발생하기 때문입니다.

색채 상표에 대한 'color claim'

미국에 출원하려는 상표의 표장에 색채가 포함되었다면 color claim을 해야 합니다. 'Color claim을 한다'는 것은 '사용 시의 색채를 지정한다'는 의미이므로, 상표의 권리를 더 좁게 만드는 효과를 가지게 됩니다. 같은 모양이더라도 다른 색채를 사용하는 경우 이를 유사상표로 볼 뿐 동일 상표로 여기지 않습니다. 이는 색채를 다르게 하여도 동일상표로 인정하는 한국과는 다릅니다. 따라서 색채를 없애고 검정과 흰색만으로 표장을 수정하고 color claim을 하지 않은 채로 제출하는 것이 상표의 권리를 더 넓게 가져가는 방법이 됩니다.

미국상표의 절차와 비용

미국에 상표를 출원한 후 1차 심사결과가 나오기까지는 2020년을 기준으로 통상 4개월 가량이 소요됩니다. 빠르면 3개월만에 1차 심사가 완료되어 공개 결정(출원공고)이 나오기도 합니다.

공존동의서

유사한 선등록 상표로 인해 거절이유를 통지 받는 경우 선등록 상표권자로부터 공존동의서를 받아 거절이유를 극복할 수 있습니다. 공존동의서는 선등록 상표의 권리자가 그들과 유사한 상표가 등록되어도 좋다는 동의(consent)를 서면으로 받은 것입니다. 한국에는 없는 제도로서 선등록 상표권자의 대리인을 통해 협의를 이끌어낸다면 좋은 결과를 가져올 수 있습니다.

미국에 상표를 출원할 때 미국 특허청에 납부해야 하는 예상 비용은 어느 정도일까요? 지정상품을 미국상표청 공식명칭 중에서 선택할 경우, 미국 특허청 관납료는 $225(약 28만 원)입니다. 그러나, 한국 등록 상표를 기초로 하는 출원인 경우에는 비공식 명칭이 포함된 경우가 많습니다. 비공식 상품 명칭이 포함된 상표 출원서 관납료는 $275(약 35만 원)입니다.

브랜드 레지스트리 제도

미국에서 상표가 등록되는 경우 미국 아마존의 브랜드 등록레지스트리 제도를 이용할수 있습니다. 브랜드 레지스트리는 아마존 셀러가 자신의 브랜드를 아마존에 등록하게 하는 제도로 향후 위조품이나 위조 브랜드 등 상표권 침해에 대응해 아마존이 보다빠르게 셀러를 보호할 수 있게 합니다. 아마존 브랜드 등록의 장점을 살펴보면 아래와같습니다.

첫째, 위조 제품이나 브랜드를 빨리 정지시킬 수 있습니다. 기존의 경우 상표 침해를주장하는 판매자가 위조품을 직접 구입하여 사실을 확인하고 상대방의 상표 침해를입증해야 했습니다. 하지만 브랜드 등록자가 상표 침해 사실을 인지한 때에 별도의증거 없이 바로 아마존에 신고할 수 있습니다.

둘째, 브랜드 콘텐츠 페이지를 사용하여 소비자에게 더 많은 상품 정보를 전달할수 있습니다.

셋째, 아마존에 상표를 등록하면 상품 검색에서 우선순위로 노출이 됩니다. 또한 아마존에 광고를 하는 경우 승인 시간이 더 짧아집니다.

중국편

≫

상표가 고갈되고 있는 나라

중국은 출원량이 많기 때문에 유사상표를 피해 상표를 등록시키기가 가장 까다로운 국가 중 하나입니다. 한 국가당 한 개의 상표체계를 가지므로, 상표권은 하나의 국가의 모든 영토에 대해 미칩니다. 우리나라에서 등록된 상표권은 우리나라 전역에 효력을 미치고, 유사한 다른 상표들을 배제시킵니다. 그러므로 중국에서 등록된 상표는 중국 10억 인구와 그 넓은 영토 중에서 자신만 쓸 수 있는 상표가 되며, 다른 유사한 상표를 모두 배제한다는 의미입니다.

그렇다보니 많은 사람들이 한꺼번에 비슷한 상표를 출원해 서로 경합을 벌이기도 합니다. 중국이 한 해 동안 출원하는 상표는 수백만 건입니다. 좋은 의미를 가진 영문 상표나 중문 상표는 모두 등록되어 있다는 것을 암시

합니다. 그래서 필요한 것이 조어(造語)상표 만들기 입니다.

중국이 판단하는 유사 상표의 기준은 특이한 편입니다. 우리나라에서는 기율(技律)과 율기(律技)는 다르다고 판단할텐데, 중국에서는 순서를 바꿔도 유사하다고 판단합니다. 특히 도형 상표는 모양이 다르더라도 모티브만 같으면 유사하다고 봅니다.

그래서 상표 등록이 가능한지 현지 대리인에게 조사를 요청하는 선행 작업은 필수입니다. 중국에서 상표 출원이 가능한지 미리 조사하면 등록 받을 수 없는 상표를 미연에 포기할 수 있다는 장점도 있습니다. 이때 현지 대리인을 잘 선택해야 선행조사를 잘 해주고, 출원전략도 잘 짤 수 있습니다. 중국 대리인들은 서비스 품질 편차가 큰 편입니다. 그러니 품질이 보편화된 선진국의 대리인들과 달리, 어느 대리인을 선택하느냐에 따라 출원 전략이 달라 결과가 달라지는 경우가 많습니다.

선행조사 결과 흔히 쓰이는 영문 상표를 중국에서 쓸수 없다면 중문 브랜딩을 해야 합니다. 발음이 비슷한 중국어 단어를 사용해 새 이름을 짓는 것입니다. 예를 들면 까르푸는 지아르푸(家乐福, 집이 유쾌하고 복이있다)고 하고, 코카콜라는 커코우커러(可口可乐, 입에 딱 맞고 맛있다)라고 하는 식입니다.

한글을 도형처럼 취급한다

중국에서는 한글을 도형으로 취급합니다. 그래서 한글로 된 등록상표가 존재하더라도 폰트만 바꿔서 등록할 수 있다는 문제점이 있습니다. 그렇지만 중국어나 영어는 문자로 취급되기 때문에, 선등록상표가 존재하면 유사한 문자 상표까지 모두 배제할 수 있습니다. 그래서 특별한 사정이 없는 한 중국에서 한글 상표를 출원하는 것은 바람직한 방법이 아닙니다. 모양을 바꿔서 상표권을 피해갈 수 있기 때문입니다.

중국 상표법 특유의 제도

1) 의견제출 통지서를 발행하지 않는다.

중국은 원칙적으로 심사 의견 제출서를 발송하지 않으며, 극히 제한적인 경우에만 그것도 1회에 한해서 의견제출 통지서를 발송합니다. 하지만 우리나라는 심사관이 해당상표에 대한 거절이유를 발견할 경우 반드시 출원인에게 의견제출 통지서를 발급하고 출원인에게 의견제출 또는 보정의 기회를 제공하고 있습니다.

2) 부분거절결정 제도가 있다.

중국에서는 심사관이 거절이유가 있는 일부 지정상품 또는 서비스업에 대해서는 부분거절결정을 하고 거절이유가 없는 일부 지정상품 또는 서비스업에 대해서는 출원공고하게 됩니다. 이때 부분거절결정에 대해 복심을 청구하지 않는다면, 일부 지정상품만 등록됩니다. 일부 상품이라도 거절이유가 존재하는 경우 출원 전체가 거절되는 한국과는 다릅니다.

3) 공존동의서제도가 있다.

이의신청이나 무효심판 등에서 선출원 상표권자가 자신의 상표와 후출원 상표가 공존하는 것을 동의하는 문서를 상표국이나 상표평심위원회에 제출해 후출원상표의 등록을 허락해 줄 것을 요청하는 제도입니다. 이 경우 서로 유사한 상표가 공존하게 됩니다. 우리나라에는 이러한 공존동의서제도를 채택하고 있지 않습니다.

중국상표의 절차와 비용

중국 상표의 출원 절차는 한국과 비슷합니다. 출원 후 심사를 통과하면 출원공고가 발행되고, 이후 2개월간 이의신청이 없다면 등록이 결정됩니다. 다만, 한국과 다르게 출원에 거절이유가 있으면 의견서 제출 기회를 주지 않고 바로 거절하기 때문에 상표 등록이 까다롭습니다. 이에 불복하기 위해서는 한국에서 거절결정불복심판에 해당하는 복심을 신청해야 합니다. 그러나 대개 이 과정에서 발생하는 비용이 상표를 다시 출원하는 비용보다도 큽니다. 대신 중국은 심사 단계에서 심사관에 따라 편차가 크고 복심에서 심사결과가 뒤집히는 경우도 적지 않으므로 중요한 상표라면 복심까지 신청하는 것을 권합니다.

또한 중국에는 아직 한국에 존재하는 우선심사 제도를 운영하고 있지 않습니다. 과거 중국에서는 상표 심사기간이 1년이 넘게 걸리기도 했으며 소요시간에 대한 불만이 상당했습니다. 그렇다면 중국에서 상표를 등록 받으려면 기간을 어느 정도 예상해야 할까요? 최근에는 온라인 체제로 개편되어 심사속도가 빨라졌기 때문에 출원 후 등록까지 약 7~8개월이 소요됩니다.

비용은 어느 정도일까요? 비용은 크게 중국 상표청 관납료, 중국 대리인 수수료, 한국 대리인 수수료로 구분됩니다. 중국 상표청 관납료는 600CNY(약 10만 원)이며, 중국 대리인 수수료는 200$~500$(약 30만 원 ~ 60만 원)수준입니다. 여기에 한국 대리인 수수료까지 더해지면 이보다 더 많은 출원료를 예상해야 합니다.

현재 중국 상표청은 과거의 종이로 된 등록증 대신 온라인에서 전자등록증을 받도록 하고 있습니다. 따라서 실물 등록증 발급을 원한다면 별도의 비용과 함께 실물 등록증을 신청하여야 합니다.

나라별 상표 출원 전략 06

유럽편

$$\vee$$

유럽공동체상표제도(Community Trade Mark, CTM)는 출원서를 한 번 제출하면 유럽공동체 회원국 전체에 상표를 출원한 효력을 제공합니다. 따라서 한 번의 등록으로 회원국 전체에 상표권 효력을 발생시킬 수 있습니다. 2020년 현재 유럽공동체 가입국은 총 27개국이며 국가 리스트는 다음과 같습니다.

Austria, Benelux(Belgium, the Netherlands and Luxembourg), Bulgaria, Cyprus, Czech Republic, Denmark, Estonia, Finland, France, Germany, Greece, Hungary, Ireland, Latvia, Lithuania, Malta, Poland, Portugal, Romania, Slovak Republic, Slovenia, Spain, Sweden

그러나, 우리가 흔히 유럽 국가라고 알고 있는 아이슬란드, 스위스, 러시아, 노르웨이, 안도라, 아르메니아, 아제르바이잔, 벨라루스, 조지아, 리히텐

슈타인, 몰도바, 모나코, 산마리노, 우크라이나, 바티칸 시는 가입국이 아닙니다. 따라서 해당 국가로 상표 출원을 고려하고 있다면, 반드시 개별적으로 출원해야 한다는 점에 유의해야 합니다. 또한 EU에서 탈퇴한 영국(UK)도 별도로 출원해야 하는 국가가 되었습니다.

브렉시트와 관련한 영국 상표제도의 특수함

영국이 공식적으로 유럽연합(이하 EU)을 탈퇴하면서 유럽공동체 상표 또한 영향을 받았습니다. 영국은 브렉시트를 2020년 1월 31일을 기준으로 탈퇴하였고, 과도 기간을 2020년 12월 31일까지 두기로 하였습니다. 이러한 이유로 2021년 이후로 등록되는 유럽공동체 상표는 영국에서 더 이상 보호를 받을 수 없게 되었습니다.

원칙적으로는 탈퇴 이후에 출원되는 유럽 상표뿐만 아니라 탈퇴 이전에 출원되거나 등록된 상표 또한 영국에서 효력이 사라질 운명이었습니다. 그러나 탈퇴 전에 출원하거나 등록한 유럽공동체 상표를 영국에서 보호하지 않으면 거대한 혼란이 야기될 우려가 큽니다. 때문에 영국은 영국법에 따라 과도 기간까지 등록되는 유럽공동체 상표를 모두 영국 상표로 전환하겠다는 방침을 발표했습니다.

영국이 EU를 탈퇴하고 과도 기간이 지난 후 등록되는 유럽공동체 상표는 영국에서 더 이상 효력이 없을 것입니다. 2021년부터 영국 상표는 유럽공동체 상표 출원과 별도로 진행해야 합니다.

절차적 특이사항 및 비용

유럽공동체 상표를 등록하는 절차는 크게 심사, 이의신청, 등록 이 3가지로 나뉩니다. 표면적으로 보면 이 절차들은 우리나라나 타국과 비슷해 보입니다. 그러나 자세히 보면 매우 독특한 방식으로 운영된다는 것을 알 수 있습니다.

우선, 유럽공동체 상표청은 출원서가 접수되면 그 사본을 각 가입국 특허청에 개별로 송부합니다. 각국 특허청은 관련 선출원 또는 등록 상표에 대한 조사결과 보고서를 유럽공동체 상표청에 제출합니다. 이후 유럽공동체 상표청은 해당 보고서를 모아 출원인에게 송부하며, 출원인은 조사 보고서 접수 후 한 달 동안 본인의 출원을 취하할 수 있습니다.

심사 과정에서 명확히 거절할 이유가 없고, 출원인의 취하가 없다면, 해당 상표 출원은 공고됩니다. 제3자는 이제 공고일로부터 3개월 동안 이의를 신청할 수 있습니다. 이때, 유럽공동체 상표청은 동일하거나 유사한 상표의 선출원인 또는 등록권리자에게 출원공고 사실을 알려 이의를 신청할 기회를 줍니다. 단, 이의신청은 5년 이상 상표를 실제 사용하고 있는 선권리자만이 제기할 수 있습니다.

따라서, 이의신청이 승인되려면 이의신청자 또한 성실하게 상표를 사용하였다는 사용 증거를 제출해야 합니다. 만약 3개월 동안 제3자가 이의를 제기하지 않으면, 해당 상표는 그대로 등록됩니다. 다만 유럽 전역에서 이의신청이 가능하기 때문에 유럽공동체 상표 등록 과정에서 이의신청은 자주 있는 일입니다. 현재 유럽공동체 상표청은 종이로 된 등록증 대신 온라인에서 전자등록증을 받도록 하고 있습니다. 종이 등록증 발급을 원한다면 별도로 신청하여 등록증 사본을 발급받을 수 있습니다.

그렇다면 유럽공동체에 상표를 출원할 때 그 비용은 얼마나 될까요? 상표 출원 시 등록하는 상품류의 개수에 따라 다릅니다. 보통 상품류 1개는 EUR 850(약 113만 원), 2개는 EUR 900(약 120만 원), 3개는 EUR 1500(약 200만 원)이며, 4개류 이상부터는 EUR 150(약 20만 원)씩 출원 비용이 추가됩니다. 한편, 해외 대리인 수수료는 대리인의 국가 및 수준에 따라 금액 차이가 많이 납니다. 서유럽을 통해 유럽공동체 상표 출원을 하는 것보다는 동유럽을 통해 유럽공동체 상표 출원을 하는 것이 저렴합니다. 또한 대리인이 큰 회사일수록 수수료가 올라가고 회사가 작을 수록 수수료가 내려가는 경향이 있습니다. 그래서 유럽 상표출원 시에는 어떠한 대리인을 선택할 것인지도 진지하게 고민해볼 필요가 있습니다.

한편, 유럽공동체 상표로서 출원하지 않고 유럽 개별국들에 대해 각각 상표를 출원하는 방법도 있습니다. 즉, 독일, 영국, 프랑스 등 각각의 국가에 개별적으로 상표를 출원하는 방법입니다. 유럽공동체 상표로서 상표등록이 어렵거나 1~2개 정도의 유럽국가에서만 상표등록이 필요한 경우 고려할 필요가 있는 방법입니다.

유럽공동체 상표 출원의 장단점

장점

- 등록이 순조롭게 진행되면, 저렴한 비용으로 EU 가입국전체에 상표권의 효력이 미친다.
- EU 확대에 따라 새로운 회원국에도 상표권의 효력 범위가 확대될 수 있다.
- 이의신청 등 특이사항이 없는 경우, 등록까지의 기간이 매우 짧다.

단점

- EU가입국 중 1개국이라도 거절 이유를 밝히면 유럽공동체 상표로서 등록 받을 수 없다.
- 가입국의 선출원 또는 등록권리자에 의해 다수의 이의신청이 제기될 가능성이 높다. 이 경우, 이의신청에 대한 대응에 상당한 비용이 들 수 있다.
- 유럽공동체 상표 출원이 최종적으로 거절되는 경우, 거절이유가 존재하지 않는 각 가입국에 대해 개별 출원으로 변경할 수 있는데, 이러한 경우 결과적으로 비용이 더 많이 발생한다.

팁

유럽공동체 상표 출원을 하는 경우 다수의 회원국의 선권리자로부터 적어도 하나 이상의 이의신청이 제기될 가능성을 염두에 두어야 합니다. 이러한 이유로 유럽공동체 상표를 출원할 때 사전에 면밀히 선행상표조사를 하여 등록 가능성을 검토한 후, 유럽공동체로 또는 개별국으로 출원을 결정하는 것이 바람직합니다.

일본편

≫

우리나라 상표제도와의 비교

일본 상표법은 우리나라와 유사한 점이 많습니다. 선출원에 의한 등록주의를 채택하는 국가로서 심사기준 방법도 거의 유사합니다. 구체적으로는 우리 상표법과 같이 유사군 코드가 존재하며, 다류 출원이 가능하다는 점이 동일합니다.

또한, 보호하고 있는 상표의 종류도 우리나라와 비슷합니다. 문자 상표, 도형 상표, 입체 상표, 소리 상표, 색체 상표, 동적 상표, 위치 상표, 홀로그램 상표 등에 대한 보호를 제공합니다.

반면, 출원에서 심사를 통과하면 공고되는 것이 아니라 등록 이후에 공고된다는 점이 우리나라와는 다릅니다. 즉 우리나라에서 공고된 상태라고 하면 등록 이전의 '출원공고'를 의미하는데, 일본에서 공고된 상태라고 하면 등록 이후의 '등록공고'를 의미합니다. 일본에서는 상표 등록 공고일로부터 2개월 간 이의신청이 가능합니다. 그러므로 등록료를 납부한 후에도 이의신청이 들어올 수 있으며 이 차이점은 출원인에게 비용적으로 부담이 됩니다.

일본상표의 절차 및 비용

상표 출원 후 심사까지 약 8개월이 소요되며 별도의 거절 이유를 발견하지 못하면 출원공고 후 이의신청기간이 지나고 등록료를 납부하는 것으로 등록이 완료됩니다. 한국과 가장 비슷한 절차입니다. 결과적으로 출원부터 등록이 완료되는 시점까지의 기간은 총 10개월 정도입니다.

덧붙여 일본도 한국과 마찬가지로 우선심사 제도를 운영하고 있습니다. 우선심사를 신청하면 평균 2개월 이내에 심사결과가 나오는 편입니다.

일본 상표 출원할 때 일본 특허청에 납부해야 하는 관납료는 상품류 1개에 JPY 12, 000(약 14만 원)입니다. 여기에 상품류가 추가될 때마다 JPY8, 600(약 10만 원)이 발생합니다. 관납료는 한국의 2배 정도이며, 일본 대리인이 청구하는 비용도 한국에 비해 상당히 높은 수준입니다.

이 외에도 해외 상표 등록은 세계 여러 나라에서 이루어지고 있습니다. 국내 기업의 상표 등록이 활발한 기타 국가를 중심으로 실무 상식을 익혀봅시다.

베트남

베트남에서 상표를 출원하고 등록하는 데에는 2020년을 기준으로 약 24~28개월이 소요됩니다. 더군다나 이 기간은 최근 수년간 해결되지 않은 심사적체로 인해 점차 늘어나는 추세입니다

베트남은 우리나라와 달리 입체 상표가 허용되지 않습니다. 지정 상품은 6개까지만 가능하며 추가하면 상품 1개마다 추가 관납료가 발생합니다.

입체 상표의 예

출원에서 방식심사를 거쳐 출원공개까지 소요되는 기간은 약 3~4개월입니다. 일반적으로 출원일로부터 1개월 이내에 방식심사가 이루어집니다만, 2개월까지 연장되기도 합니다. 이 과정에서는 해당 상표의 통일성, 정보의 정확성, 상품류 분류의 적절성 등을 심사합니다. 만약, 기준에 부적합한 것으로 판단되면 1개월 이내에 보정서를 제출해야 합니다. 보정서 제출기한은 2개월까지 연장이 가능합니다.

방식심사가 완료되면 출원공개가 되어 제 3자의 이의신청을 받습니다. 그 이후 약 20개월 간 실질심사를 받게 됩니다. 실질심사 기간 동안 이의신청이 가능하므로 베트남 상표법에서는 이의신청 기간이 우리나라보다 훨씬 긴 셈입니다.

보호 기준에 적합한 것으로 판단되면 등록결정통지를 받을 수 있지만, 그렇지 않은 경우에는 의견서 제출요청을 받을 수도 있습니다. 의견서를 제출하는 경우에는 이후에 다시 실질심사를 거치게 됩니다.

말레이시아

말레이시아에서는 상표를 출원한 후 12개월 정도의 심사기간을 거치게 됩니다. 또한 실체심사를 통해 해당 상표출원의 식별력 여부와 타상표와의 유사성 정도, 또는 해당 상표가 동일한 상품 또는 서비스류에 사용되고 있거나 동일하게 묘사되고 있지는 않는지, 다른 상품 또는 서비스와 관련되어 있지는 않는지 등을 종합적으로 심사합니다. 이 단계에서 거절 이유가 발생하면 2개월 내에 의견서를 제출하여 이를 극복할 수 있습니다.

심사를 통과한 뒤에는 관보에 게재(공고)하여 공중의 심사를 받고 제3자의 이의신청을 받게 됩니다. 별다른 이의신청이 제기되지 않는다면, 최종등록되어 등록증이 발급됩니다. 공고에서 등록증 발급까지는 약 3~5개월이 소요됩니다. 즉, 말레이시아에서 상표를 출원하여 등록하기까지는 약 12~15개월이 소요된다고 보시면 됩니다.

덧붙여 말레이시아에서는 한 상표에 대한 다류시스템이 적용되지 않습니다. 그러므로 1류마다 별개의 출원을 진행해야 합니다.

태국

태국은 2017년 8월부터 마드리드 조약에 가입하여, 같은 해 11월부터 효력이 발생하였습니다. 또한 태국도 한국과 마찬가지로 출원공고 및 이의신청 제도를 가지고 있습니다. 상표의 심사기간은 약 1년 반 정도이며, 2개월의 출원공고 기간을 거쳐 등록까지 약 2년이 소요됩니다. 등록된 권리는 10년의 존속기간을 가지며 갱신될 수 있습니다.

홍콩, 마카오

홍콩과 마카오는 중국의 영토이지만, 특별자치구로서 별도의 행정기관입니다. 따라서 중국 상표와는 별도로 출원하여 등록 받아야 합니다.

홍콩에서 상표를 등록하려면 출원 후 5~6개월의 심사를 거치고 2개월의 출원공고 기간을 거쳐야합니다. 한국과 거의 비슷한 기간입니다. 권리의 존속기간은 10년입니다.

한편, 마카오 상표의 등록 소요 시간은 7~9개월이며, 권리의 존속기간이 7년이라는 점이 특이점입니다.

싱가포르

싱가포르는 출원 후 약 6~10개월 정도 후에 상표등록이 완료됩니다. 상표등록 시 싱가포르 특허청에 납부해야 하는 별도의 관납료가 없습니다. 권리의 존속기간은 10년입니다.

대만

대만은 출원으로부터 등록까지 약 9~12개월이 소요됩니다. 일본과 비슷한 제도를 취하고 있는데 6개월의 심사 후 거절이유가 없으면 등록공고를 하여 등록비용을 먼저 납부하게 하며, 등록공고 후 2개월의 이의신청 기간을 가지고 있습니다. 권리의 유효기간은 10년입니다.

인도네시아

인도네시아도 마드리드 의정서 가입에 따라 2018년 1월 2일 이후부터 마드리드 국제상표출원으로 인도네시아를 지정할 수 있게 되었습니다.

2016년 개정으로 방식심사를 거쳐 하자가 없는 경우 15일 내에 공고를 하고, 공고일로부터 2개월 내에 이의신청이 없는 경우 실질심사를 하여 등록하는 것으로 절차가 변경되었습니다.

권리 만료 전 6개월 전부터 존속기간 갱신출원이 가능하며, 갱신출원 시에는 등록된 상표/서비스표가 인도네시아에서 사용 중임을 증명하는 상표권 사용선언서가 필요합니다.

인도

인도는 출원에서 등록까지 약 6~8개월이 소요됩니다. 출원 후 심사는 1~2개월이 소요되며, 심사에서 통과되면 등록결정서가 발행됩니다. 등록결정서가 상표 저널에 공고되면 이의신청이 가능해지는데, 공고일로부터 4개월 이내에 이의신청이 제기되지 않으면 해당 상표의 등록증이 발급되어 최종적으로 등록이 완료됩니다.

러시아

러시아에서 상표를 출원하여 등록하기까지의 기간은 통상 12~14개월입니다. 출원 및 심사에 대한 관납료를 납부하고 약 9개월 간의 심사기간을 거치며 심사를 통해 거절의 이유를 발견할 수 없는 상표출원에 한하여 등록결정이 발행됩니다. 출원인은 등록결정일로부터 2개월 이내에 등록료를 납부해야 하지만 등록료 납부기한이 만료되었더라도 만료일로부터 6개월 이내에 기본등록료에 가산금을 추가로 납부하면 등록을 완료할 수 있습니다.

이렇게 등록된 상표는 10년간 유효하며, 등록일로부터 3년간 사용을 유지해야 한다는 단서가 붙습니다.

참고로 러시아에서는 출원공고제도가 없습니다. 출원공고제도란, 상표출원에 대한 심사가 완료된 후 2~3개월 간의 공고기간 동안 등록예정인 상표를 대중에게 공개하고 제 3자에게 이의신청을 받는 공중심사의 단계입니다. 이를 통해 심사관의 직권심사를 보충하고 출원인은 임시보호의 권리를 인정받을 수 있습니다. 그러나 러시아에서는 이러한 공고제도가 없어 등록이 완료될 때까지 대중에게 공개되지 않습니다. 따라서 등록을 완료하기 이전에 공식적으로 이의신청할 수 있는 과정이 없습니다.

아랍에미리트

아랍에미리트는 연합국가(UAE)로 아부다비, 두바이, 움 알 카이와인 등 총 7개국의 토후국으로 구성되어 있습니다. 예를 들어서 두바이에서 사업을 계획 중이라면 아랍에미리트(UAE)에 출원을 진행해야합니다. 출원에서 등록까지는 약 1년 6개월 정도가 소요되며, 한 개의 출원에 한 개의 상품류만 출원이 가능합니다.

아랍에미리트에서는 상표에 대한 모든 행정처리를 경제부(Ministry of Economy)에서 주관하고 있습니다. 아랍에미리트 상표 출원 시에는 위임장도 공증 및 인증을 받아야 하며 이 때 별도의 비용이 발생합니다.

출원이 심사를 통과하면 관보에 공고가 되는데, 2개의 지역신문에도 함께 공개될 수 있습니다. 또한 공고시에도 비용이 따로 소요됩니다. 이를 출원공고료라고 하며 승인일로부터 30일 내에 납부해야 합니다.

출원에서 공개시까지는 1~2달이 소요되고, 공개 이후 등록까지 걸리는 기간은 4~6달 정도입니다.

사우디아라비아

위임장에 출원인 명칭과 주소를 기재해야 하며, 사우디아라비아 영사관의 공인증을 받아야 합니다. 공인증 절차 진행 시 별도의 비용이 발생하게 됩니다. 아랍에미리트와 함께 상표등록에 상당히 많은 비용이 들어가는 나라입니다.

출원한 후 심사 및 공고를 거쳐서 등록시까지는 약 10~12개월이 소요됩니다. 이의신청기간은 공고일로부터 90일 이내입니다.

아르헨티나

아르헨티나의 상표는 통상 출원부터 등록까지 8~12개월 정도의 기간이 소요됩니다. 또한 출원 시 위임장의 공증 및 대사관 인증이 필요합니다.

상표를 출원하면 이후 약 45일 정도 후에 공고 되어 이의신청기간에 진입하게 됩니다. 출원공고 다음 일을 기준으로 30일 간 제 3자의 이의신청을 접수하며, 제 3자의 이의신청 등 특이사항이 없는 경우, 아르헨티나 상표청 심사관은 해당 상표에 대한 실질심사를 진행합니다. 실질심사 기간은 대략

6개월 정도입니다. 따라서 이의신청 또는 심사관의 거절이유 발행 등 특이 사항이 없다면, 실질심사가 끝난 후, 20일 이내에 등록결정서가 발부됩니다.

아르헨티나에 등록된 상표는 등록일로부터 5~6년 차에 사용선언서(Sworn Statements of Use)를 제출해야 합니다. 사용선언서 제출 시 사용증거 자료를 제출할 필요는 없습니다. 또한 일부 지정상품에 대해서만 상표를 사용하였다는 선언서를 제출하더라도 일부 지정상품으로만 등록상표의 효력이 제한되지 않습니다. 다만 사용선언서를 제출하지 않으면 이후 갱신등록을 허가하지 않습니다.

브라질

상표 출원 이후 브라질 상표청은 짧은 방식심사를 거치고, 이의신청을 위해 1개월 이내에 출원을 공고합니다. 이의신청 기간은 출원 공고일로부터 약 2개월 정도이며, 이의신청이 없다면 브라질 상표청 심사관에 의해 상표의 실질심사를 받게 됩니다. 따라서 제3자의 이의신청이나 심사관의 거절이유 등이 발생하지 않는다면, 통상 출원부터 등록까지 10~12개월 정도의 기간이 소요됩니다.

브라질 또한 마드리드의정서에 포함된 나라입니다. 2019년 10월 2일자로 발효되었고 2019년 10월 2일부터는 마드리드의정서에 따라 국제출원 시 브라질도 지정할 수 있게 되었습니다.

(훨씬 더 많은 국가들에 상표출원이 가능하지만, 한국에서 상표출원이 많은 나라들 위주로 설명드렸습니다.)

2017년 『특허는 전략이다』를 출간한 지 벌써 3년이 지났습니다. 그리고 그동안 주변에서는 특허에 관한 문의도 많았지만, 상표에 관한 질문이 더 많았습니다. 그래서 상표 책 발간이 더 많은 사람에게 도움을 줄 수 있는 일이라고 생각하여 상표에 대한 책을 쓸 결심을 했습니다.

제가 특허, 디자인, 상표 등 지식재산권 범주에 들어가는 많은 일을 하지만 그중에서 가장 중요한 것이 무엇이냐고 물으신다면 상표라고 대답할 것 같습니다. 잃었을 경우 기업에게 가장 큰 타격을 가져다주기 때문입니다. 스타벅스라는 이름을 쓰지 못하는 스타벅스는 존재하기 어렵습니다.

그래서 상표야말로 사업에서 가장 중요한 부분 중 하나이기에, 사업을 하는 분들이라면 처음부터 잘 준비해야 합니다. 사업을 시작하면 제일 먼저 상호를 고민하실 텐데, 그때 상표도 함께 고민하셨으면 좋겠습니다. 상표에 강한 기업이 되기를 기원합니다.

책을 쓰면서 가장 마음에 걸렸던 부분은 '여러 회사에서 상표에 관한 일들을 하며 겪은 어려움을 책으로 펴내도 될까'라는 점이었습니다. 물론 뉴스에 다 공지가 되어 있는 사실입니다. 그렇지만 이를 한곳에 묶어보니 '어떤 기업은 상표를 더 잘 챙기고 어떤 기업은 상표를 잘 못 챙긴다는 인식을 주는 것은 아닐까'라는 생각에 조심스러웠습니다. 그래서 여기에 담긴 하나의 사례가 그 기업을 대표하는 사례는 아니라는 점을 다시 한번 이 자리에서 말씀드리고 싶습니다.

2018년도부터 원고를 준비했는데, 사업이 바쁘다는 핑계로 2년이 걸렸습니다. 다행히 좋은 분들을 만나서 책을 잘 준비하고 마무리할 수 있었습니다. 이 책이 완성되기까지 도움을 주신 모든 동료와 가족들에게 진심 어린 감사를 전합니다.